내 삶을 아날로그로 채워보는 습관

디지털 디톡스가 필요한 시간

디지털 디톡스가 필요한 시간

: 내 삶을 아날로그로 채워보는 습관

초판 1쇄 발행 2019년 9월 2일

지은이 최영철
발행인 송현옥
편집인 옥기종
펴낸곳 도서출판 더블:엔
출판등록 2011년 3월 16일 제2011-000014호

주소 서울시 강서구 마곡서1로 132, 301-901
전화 070_4306_9802
팩스 0505_137_7474
이메일 double_en@naver.com

ISBN 978-89-98294-63-2 (03320) 종이책
ISBN 978-89-98294-64-9 (05320) 전자책

최영철 지음

내 삶을 아날로그로 채워보는 습관

디지털 디톡스가
필요한 시간

더블·엔

아내와 아들 민석, 딸 서영에게 이 책을 바친다

2017년 통계청과 여성가족부는, 홀로 살아가는 1인 가구 수가 전체 가구 수의 30%에 육박했다는 자료를 발표했다. 그리고 이 비율이 급격히 증가하고 있다는 우려도 표했다. 예전의 대가족 혹은 확대 가족을 탈피해 1인 가구가 급격히 늘어나게 된 원인 중에 하나로 나는 스마트폰을 지목한다.

스마트폰이 세상에 나온 지 만 10년이 넘었다. 그동안 스마트폰은 우리 삶 곳곳에 영향을 미치지 않은 곳이 없을 정도로 세상의 모든 것들을 바꿔놓았다. 스마트폰만 있으면 몇 시간을 혼자 있어도 심심하지 않다. 무리에서 따로 떨어져 혼자 지내는 걸 편안하게 여기는 사람들이 부쩍 늘었다. 그런 생각과 정

서의 변화가 1인 가구 수의 급증에 크게 한몫했다고 본다. 온
갖 다양한 정보며 지식이며 콘텐츠의 조화에 빠져들다 보면 시
간이 금세 지나갈 정도로 재미있고 즐겁다. 심지어 스마트폰만
있으면 무인도에서 충분히 혼자 살 자신이 있다고 단언하는 이
들까지 생겨났다. 스마트폰으로 인해 현대인은 너무나 개인적
으로 그리고 이기적으로 변모되고 말았다.

청년 청소년 할 것 없이 아이를 키우는 집에서도 가장 크게 앓
고 있는 공통적인 문제가 바로 스마트폰이다(이 책에서 말하
는 스마트폰은 기기는 물론 그것이 양산하고 전달하는 SNS, 유
튜브, 게임 등을 총망라한 개념이다). 겨우 말을 할 수 있는 어
린 나이부터 머리가 희끗한 노인까지 모두들 한 손에는 스마트
폰을 꼭 쥐고 있다. 바야흐로 스마트폰이 세상의 기준이 돼버
렸고 세상을 지배하는 표준이 되고 말았다.
남녀노소 가릴 것 없이 단 몇 분이라도 손에 스마트폰이 없으
면 불안해한다. 스마트폰이 현대인의 정서에까지 적지 않은 악
영향을 끼치고 있음을 확인할 수 있는 대목이다. 스마트폰 중
독 현상은 갈수록 더 심각해지고 있고 그로 인한 사회적 문제
들도 급증하고 있다.

지금 우리가 스마트폰과 결별한다는 것은 사실상 불가능한 일이다. 스마트폰을 필두로 본격적인 제4차 산업혁명시대가 이미 도래했음을 사회곳곳에서 목격할 수 있다. 이젠 인간의 힘으론 더 이상 스마트폰이 이끄는 시대적 변화를 거부할 수 없게 되었다. 물론 스마트폰이 인간에게 안겨준 편리와 편의는 기대 이상이다. 그렇다면 문제는 누구에게 있는 것인가? 말할 필요도 없이 스마트폰을 사용하는 우리 인간에게 있다.

우리 삶의 최종 목표는 바로 행복이다. 우리는 행복하기 위해 (그리고 불행과 멀어지기 위해) 최선을 다해 살아간다. 여기에 스마트폰이 실질적인 도움이 되고 있을까? 물론 그 역시도 스마트폰을 사용하는 인간의 태도에 전적으로 달렸다고 할 수 있다. 하지만 현실은 녹록치 않다. 본격적인 디지털 혁명 시대에 접어든 지금, 스마트폰 중독이 확산되면서 현대인이 행복해지기 어려운 환경에 처해졌고, 무엇보다도 대부분의 사용자들이 자발적으로 스마트폰 사용을 줄일 수 없다는 게 문제다. 이러한 시각에서 행복에 관해 진지한 질문을 던져보는 것도 무척 필요하고 의미 있는 일이라 생각한다.

이런 현실 속에서 개개인의 행복방정식도 과거와 크게 달라져야 할 것이다. 예전에는 타인과의 관계 속에서 행복을 찾는 이들이 많았다. 하지만 이제는 아니다. 오히려 스마트폰을 중심으로 개인적으로 누릴 수 있는 소소한 것들 속에서 행복을 추구하는 이들이 훨씬 더 많아졌다. 1인 가구를 주축으로 한 나홀로 족은 타인들과의 관계 속에서 행복 찾기를 거부한다.

현대인의 진정한 행복은 일단 디지털 기기들과 멀어지는 데서 출발해야 한다고 본다. 그런 시각에서 나는 얼마 전까지만 해도 주요 트렌드였던 '소소하고 확실한 행복'을 뜻하는 '소확행'이 아니라 '스확행' 즉 '스마트폰 사용을 줄이며 소소하고 확실한 행복'을 추구하는 것이 마땅하다고 본다. 디지털 디톡스가 필요한 시간이 된 것이다.

아날로그 삶을 충분히 경험한 기성세대와 달리, 현 세대는 태어날 때부터 디지털 환경에 익숙한 '디지털 네이티브(Digital Native)'다. 따라서 그들이 추구하는 행복 방정식도 기성세대와는 많이 다르다. 기성세대야 이미 충분히 아날로그를 경험해왔기에 아날로그의 삶과 디지털의 삶 중간에서 균형감각을 가질 수 있다. 하지만 처음부터 디지털 세계만을 경험해온 현 세대는 아예 처음부터 아날로그 환경을 거세당하며 살아왔기에, 그들은 더더욱 디지털을 맹신하면서 살고 있는 것인지도 모른다. 이쯤에서 디지털 네이티브의 한 쪽으로 치우친 삶을 보다 더 아날로그 쪽으로 끌어당겨 균형감각을 유지하도록 하는 게 바람직하다고 본다.

그래서 이 책을 쓰게 되었다. 디지털 혁명이 불러오고 있는 아찔한 변화의 물결 속에서 인간이 스스로의 인간다움, 즉 휴머니티를 망각하지 않고 자신들이 최고의 목표로 삼고 있는 행복을 이루기 위해서는 지금부터 어떻게 해야 할지를 충분히 고민해보고, 구체적이고 실질적인 해결책을 찾아나서는 본격적인 여정을 함께 시작해보기로 하자.

Contents

디지털
역습
주의보

디지털 시간에 쫓기는 사람들

◆ ◇

틈만 나면 좁은 액정에 시선을 강탈당한 채, 손 터치를 하느라, 지나친 바쁨을 강요당하고 있는 현대인은 온전히 쉴 시간이 없다. 몸과 마음이 완전히 쉬는 휴식을 낭비로 여기는 디지털 시간논리로 인해, 현대인들 사이에 번 아웃 증후군(Burn-out, 탈진 현상)이 급속도로 늘어난 지 오래다. 남의 나라 얘기가 아니다. 지금 우리나라 국민의 경우, 서구 유럽보다 일하는 시간과 강도가 더 높은 데다, 스마트폰 중독 역시도 훨씬 더 빠르게 확산되고 있는 실정이다.

스마트폰이 현대인의 손에 들어온 이후, 그전까지 세상을 지배하던 아날로그 시간은 삽시간에 종적을 감췄다. 무위(無爲), 즉

아무 행위도 하지 않고 온전히 쉬는 것을 중요하게 보았던 아날로그 시간과 달리, 디지털 시간은 그것을 용납하지 않는다. 휴식은 낭비되는 시간이 아니다. 몸과 마음이 활력을 되찾는 재생의 시간이다. 하지만 손 안에 스마트폰이 있는 한, 현대인은 제대로 휴식하지 못한 채 눈과 손을 혹사시킬 수밖에 없다. 이것이 현대인을 행복과 멀어지게 하는 핵심 원인으로 작용하고 있다. 이런 우려감을 나타내는 조사가 얼마 전 미국에서 이루어졌다.

소비자행동양식을 중점적으로 연구하는 미국의 조사기관인 디스카우트(Discout)에 따르면, 현대인은 하루 평균 2,617번 스마트폰에 터치하는 것으로 밝혀졌다. 하루 평균 수면시간과 기타 활동시간을 대략 10시간으로 잡으면, 나머지 14시간, 즉 840분 동안 3분 마다 스마트폰을 보고 있는 것으로 드러났다. 무위의 시간을 달갑게 여기지 않는 현대인의 우울한 자화상이다. 이에 대한 우려감을 표하는 이도 있다.

《사실, 바쁘게 산다고 해결되진 않아》의 한중섭 작가가 '카카오 브런치'에 올린 글을 보면, 디지털 시간을 살아가는 현대인의 모습이 한편으론 답답하게 여겨진다.

우리는 촘촘한 비트 단위인 디지털의 시간 속에서 살고 있다. 디지털의 시간 속 여백은 존재하지 않으며, 인간은 마치 기계처럼 항상 '스위치 온' 상태가 되기를 명령받는다. 인공지능을 필두로 한 디지털 기술의 발달은 더욱 거세게 삶을 가속화시키고, 집에서, 교통수단에서, 직장에서 우리의 삶을 잠식할 것이다. 대부분의 사람들이 인터넷을 쓰고 스마트폰을 사용하는 상황에서, 사회화 동물인 인간이 나 홀로 디지털을 거부할 수 있을까? 《월든》을 쓴 헨리 데이비드 소로처럼 숲에서 혼자 생활하지 않는 이상, 우리는 생활 곳곳에서 침투한 디지털을 피할 수 없다. 디지털 시대에 바쁨은 강제다.

이 글을 읽으면서 예전 TV CF 중에 "바쁘다 바빠!"라는 말을 연발하며 사방팔방으로 허겁지겁 쫓아다니는 펭귄이 연상되었다. 강박적으로 화면 터치를 하는 사람들을 보면 "바쁘다 바빠!"라는 말이 절로 나온다.

좁은 화면에 시선을 고정시킨 채 열심히 손가락을 터치하는 현대인의 모습을 보고 있노라면 저들이 대체 무엇을 갈구하고 있는 것인지 의구심이 생긴다. 사실 특별한 이유가 없을지도 모른다. 단지 손 안에 항상 스마트폰이 들려져 있기에 무의식적으로 매달리고 강박적으로 터치하고 있을 것이다.

'왜 우리는 자신에게 주어진 소중한 휴식시간마저 몽땅 스마트폰에 갖다 바치고 있는 걸까?'

자기 성찰의 질문이 필요한 시점이다. 무심코 화면터치를 하느라 함부로 소진하는 시간도 우리 인생의 소중한 한 자락이다. 게다가 우리가 원한다고 그 시간을 늘리거나 줄일 수 있는 게 아니다. 모든 인간에게 공평하게 한정된 게 바로 시간이자 인생이다. 그런 소중한 자원을 함부로 낭비해서는 안 된다.

솔직히 인간은 디지털 시간에 적합하지 않다. 그것이 중요시하는 효율성과 생산성이 사실상 인간의 행복을 좀먹고 있기 때문이다. 그런 현대인은 마치 시간에 '체한' 사람마냥 자신에게 주어진 시간마저 온전히 즐길 겨를이 없다.

밥을 급하게 먹으면 위가 체하듯 시간도 마찬가지다. 사람마다 심리적인 안정감을 북돋우고 행복감을 만끽할 수 있는 시간 흐름이 따로 있다. 그것에 보조를 맞출 때 개개인은 더 없는 충만감과 행복감을 누릴 수 있다. 하지만 지금의 디지털 시간은 우리로 하여금 그런 온전한 감정을 누리는 데 큰 걸림돌이 되고 있다. 말 그대로 시간에 체한 사람마냥, 무수한 시간을 스마트폰에 몽땅 때려넣느라, 제대로 '소화'를 시키지 못하고 있다.

고대 그리스인은 시간을 두 가지로 구분했다. 바로 '크로노스(Chronos)'와 '카이로스(Kairos)'다.

크로노스란 인간이 개입할 수 없는 시간으로써 절대 시간을 뜻한다. 해가 뜨고 해가 지는 하루나, 지구가 태양 주위를 한 바퀴 도는 일 년과 같은 시간 개념이다. 이 시간 속에서 인간은 객체로 전락한다. 반면 카이로스는 상대적인 시간 개념으로써 개개인의 경험이 존중된다. 개인적인 가치와 의미를 지닌 시간인 만큼 인간이 주체가 된다.

이런 기준에서 본다면 디지털 시간은 개개인이 자신의 경험에 의해 시간의 주체가 되는 카이로스보다는 효율성과 생산성만을 고려하느라 개인적 경험이 배제되고 인간이 객체로 전락하는 크로노스에 훨씬 더 가깝다.

디지털 시간에 맞춰 강박적으로 살아가는 현대인의 뇌리에서 점점 잊혀져가고 있는 단어들이 있다.

느림, 은은함, 여유, 충만, 멈춤, 무위….

이 단어들은 디지털 시간에 억지로 맞춰 사느라 현대인이 갈수록 외면하고 있는 행복어(語)들이다. 현대인의 불행이 촉발될 수밖에 없는 이유다.

시간은 곧 인생이다. 우리는 시간을 알차고 충만하게 써야 한다. 인생을 구성하는 시간을 '어떻게 대하느냐' 라는 문제는 우리의 인생과 운명의 향배를 결정짓는 중차대한 사안이다. 현대인이 행복을 그토록 원하고 있지만 불행에서 탈피하기 어려운 이유 중의 하나가 몸과 마음이 완전히 쉬는 휴식조차 몽땅 디지털 시간에 때려넣고 있기 때문이다. **빽빽하게 들어선 나무들 사이로 한 줄기의 햇빛조차 들어서기 힘들 듯, 휴식 없이 빽빽하게 채운 시간 사이론 그 어떤 행복의 빛도 끼어들기 힘들다.**

중독 시대의 민낯들

◆　◇

　　"손이 가요~ 손이 가~"라는 과자광고가 있었다. 시도
때도 없이 스마트폰 액정을 터치하는 현대인의 모습이 딱! 이
모습이다.

스마트폰의 흡입력이 원체 강하다 보니 액정에 한 번 '터치'하
면 그것이 부리는 조화(造化)에서 빠져나오기가 힘들다. 그야
말로 시간만 나면 우리 손은 자동적으로 액정으로 향한다. 지
금 스마트폰만큼 우리의 오감을 자극해 재미와 즐거움을 주는
매개체도 없을 것이다. 그런 탓에 스마트폰 중독자들이 최근
들어 부쩍 늘어났다.

스마트폰 중독

어쩌면 나도 스마트폰 중독자가 아닐까? 하지만 여느 중독자들과는 좀 다르다. 왜냐하면 나는 스마트폰을 주로 책을 쓸 때 적극 활용하고 있기 때문이다. 틈만 나면 글감을 발굴하기 위해, 아니면 사전을 찾기 위해 스마트폰을 터치한다. 아울러 거기에 내장된 메모 앱도 내게는 아주 요긴한 도구다. 언제 어디를 가더라도 그것을 열어 책을 쓸 수 있기 때문이다. 그렇게 모인 일정 분량의 글을 메일로 보낸 뒤 좀 더 다듬고 나면, 한 꼭지의 글이 뚝딱 만들어진다. 굳이 번거롭게 노트북이나 데스크탑을 열 필요도 없다. 내겐 스마트폰을 통해 책을 쓰는 게 마치 게임을 하는 것과 같이 무척 재미있고 즐겁다.

이런 나도 외형상 스마트폰 중독자라고 할 수 있겠지만 엄밀하게 따지자면 **소비적인 중독자가 아닌 생산적인 중독자로 분류할 수 있을 것이다.**

하지만 대부분의 스마트폰 사용자들의 경우, 그것을 무분별하게 사용하기에 전자에서 벗어나기 어렵다. 그런 그들에게 스마트폰은 이미 해기(害器)가 되어버렸다.

당장 주위를 둘러보라. 스마트폰이 주는 재미와 즐거움을 자발적으로 통제할 수 있는 사람이 과연 몇 사람이 있을까? 대부분의 스마트폰 사용자들은 하루 온종일 비자발주의에 허우적대면서 소중한 시간을 허비하고 있다.

스마트폰의 이런 심각한 중독문제를 해소하기 위해 나름의 대안책을 제시하는 단체가 있다. 이름 하여 '인도적 기술센터(Center for Humane Technology)'라 불리는, SNS 부작용 해결을 위한 단체다. 이 단체가 우리의 눈길을 사로잡는 이유는 페이스북이나 구글, 애플 등의 주요 IT기업 출신자들이 그 단체의 구성원이라는 점이다. 그런 그들이 제시하는 스마트폰 중독에서 벗어나는 몇 가지 방법을 살펴보면, 다음과 같다.

첫째, SNS 앱에서 '알림'이 뜨지 않도록 설정을 바꿀 것을 권한다. 왜냐하면 시도 때도 없이 울리는 알림 소리가 우리의 일상은 물론, 자발주의력을 크게 앗아가는 주요 원인이 되기 때문이다.

둘째, 스마트폰 초기 화면엔 오감을 자극하지 않는 앱만 남겨두라고 한다. 현란하고 화려한 영상으로 구성된 앱이 우리로 하여금 스마트폰의 유혹에서 벗어나지 못하게 하는 일종의 바람잡이가 되고 있는 것이다.

셋째, 스마트폰의 화면을 흑백(Grayscale)으로 바꿀 것을 권한다. 본능적으로 인간은 밝은 컬러 색깔의 화면에 더 많은 자극을 받게 된다. 그렇기에 화면을 흑백으로 해놓으면 스마트폰 절대 사용시간을 줄일 수 있다는 게 이들의 주장이다.

넷째, 메시지를 전송할 때는 글자가 아닌 음성으로 전달할 것을 권한다. 직접적인 음성이 그것의 어투나 발음, 억양에 의해 상호간의 전달력이 강화될 수 있고, 눈의 피로도도 대폭 줄일 수 있다는 설명이다. (참조: 머니투데이)

이같이 누구나 확고한 의지만 있으면 스마트폰 중독을 해소하는 효율적인 방법들이 얼마든지 많다. 이를 통해 비자발주의를 자발주의로 전환시키는 든든한 기초체력을 마련할 수 있다.

많은 매체들이 본격적인 제4차 산업혁명시대에 접어들었음을 앞다투어 알리고 있다. 앞으로 어떤 세상이 펼쳐질지는 예단하기 어렵다. 분명한 사실은 스스로의 인간다운 모습을 보호하고 확대시키는 데 힘쓰기보다는 기기에만 빠져 있을 경우, 우리의 존재 자체를 심히 걱정해야 할 시기가 조만간 도래할지도 모른다는 것이다.

우리 앞에 밀어닥치고 있는 제4차 산업혁명은 '초연결(hyperconnectivity)'과 '초지능(superintelligence)'을 특징으로 한다. 지난 세 번에 걸친 산업혁명은 기껏해야 인간의 육체노동을 기기가 대신하는 정도였다. 하지만 이번 4차 산업혁명은 기기들이 인간의 고유능력인 인지력과 지력을 뛰어넘는 분기점이 될 것으로 예측하고 있다.

그렇다면, 이제 인간만이 할 수 있는 일은 과연 무엇일까? 이런 급속한 변화 속에서 인간은 스스로의 존재를 어떻게 보존하고 온전한 행복을 누릴 수 있을까? 갑자기 대답이 곤궁해진다.

그런 후회막급의 순간을 피하기 위해선 지금 스마트폰을 향해 바삐 움직이는 당신의 손길 대신 스스로의 인간다움을 보호하기 위해 노력하는 일이 더 시급하다.

바야흐로 현대는 '중독의 시대'라고 해도 무방하다. 스마트폰이 초래하는 문제의 심각성이 날로 커지고 있고 문제의 양상 또한 다양해지고 있다. 심지어 현대인의 정서와 정신에까지 심각한 악영향을 미칠 정도다. 이는 성인은 물론 한창 뇌가 성장하고 있는 청소년들에겐 훨씬 더 심각하다.

단적인 예로 어린 학생들에게까지 스마트폰이 지급되면서 '스

마트폰'과 '왕따'라는 용어가 합쳐진 이른바 '스마트폰 왕따'
가 한때 신조어로 급부상한 적도 있다. 여기서 '스마트폰 왕
따'란 '스마트폰 메신저나 SNS(Social Network Service) 등을
이용해 특정인을 괴롭히는 행위'를 뜻한다. 이 용어가 탄생한
배경이 있다.

관계 중독

학생들이 가장 싫어하는 단어를 조사해보니 '왕따'나 '은따'
'찐따(찌질해서 따 시킴)' '전따(전교생이 따 시킴)'와 같이 또
래 집단에 의한 소외를 뜻하는 말로 나왔다. '공부를 못 한다'는
말은 참을 수 있지만 '왕따나 은따를 당한다'는 말은 도저히 참
고 견딜 수 없다고 말하는 이들까지 있는 걸 보면, '따' 현상만
큼 인간의 자존감을 크게 짓밟는 행위도 없을 것이다.

'어디에 속한다'는 말은 '그 어디에 소속감을 가진다'는 뜻이
다. '소속감(所屬感)'을 사전에서 찾아보면, '스스로가 어떤
집단에 딸려 있음을 나타내는 마음'으로 풀이된다. 이때 '집단
에 딸려 있는 마음'이 제대로 형성되기 위해선, 개별 주체가 동

일 집단 내의 구성원들과 일정 수준 이상의 교류와 소통이 이루어져야만 한다. 하지만 '따' 현상은 그런 교류와 소통이 가로막힌 상태이기에 소속감이 제대로 형성되지 못한다. '군중 속의 고독'이라는 말과 같이, 집단에 몸을 두고 있지만 심한 단절감을 느낄 뿐이다. 그로 인해 그들이 겪는 심리적 고통도 이루 말할 수 없이 커진다.

하지만 소속감마저도 절대시해서는 안 된다. 그조차도 '정도껏'이라는 단서조건을 붙여야 한다. 왜냐하면 소속감에 필요 이상으로 얽매일 경우, 개개인에게 발생하는 문제들이 적지 않기 때문이다. 동일집단에 소속된 구성원들의 눈치나 반응을 불필요하게 살피는 것은 물론, 그들의 기대와 인정에 맞추기 위해 자신의 내면상태를 도외시하게 만든다는 뜻이다.

인간은 태어날 때부터 줄곧 '어디'에 포함된다. 가장 작은 집단인 가정에서부터 학교, 회사, 지역, 국가에 이르기까지 줄곧 다양한 집단에 소속된다. 동일 집단 내의 구성원들과의 관계가 원만하면 자존감도 수직상승한다. 하지만 관계가 불안정해지거나 갈등이 돌출되면 자존감도 뚝! 떨어진다. 그로 인한 심리적 고통은 이루 말할 수 없이 커진다. 이것이 문제다. 왜냐하면 타인과의 관계가 원만해야만 자신이 행복해질 수 있다는 선입견이 크기 때문이다.

SNS를 통한 넓은 관계망을 추구하는 요즘의 시대적 분위기도 어쩌면 이와 같은 생각에서 기초한 것일지 모른다. 하지만 이는 주체성을 약화시키고 타인지향적인 삶의 방식을 스스로에게 강요하는 꼴이 되고 만다.
타인과의 관계가 원만해야만 자신이 행복해질 수 있다는 생각에 집착하는 현대인에게 경고장을 날리는 이가 있다. 바로 영국의 정신분석의 '앤서니 스토'다. 그는 책《고독의 위로》에서 다음과 같이 주장하고 있다.

오늘날 우리는 인간관계에 지나치게 큰 의미를 두고 있다. 사실 인간관계와 행복의 연결고리는 매우 허약하다.
제대로 된 인간관계를 맺는다면 삶이 더할 나위 없이 행복할 것이고, 행복하지 못하다면 그 인간관계가 분명 뭔가 잘못된 것이라는 우리의 생각은 지나친 게 아닐까?

인간관계망에 필요 이상으로 집착하고, 소속감에 예민하게 반응하는 이들이라면 그의 조언을 깊이 되새길 필요가 있다. **그러면 우리는 행복을 어디에서 구해야만 할까?** 그것은 다름 아닌 '나 자신과의 관계'에서 구해야 한다. 나 자신과 원만한 관계가 형성될 때 진정한 행복이 찾아온다. 그러기 위해서는 **자기 자신과 나누는 대화와 소통이 늘 원활하게 이루어져야 한다.**

"지금 당신은 자신과 나누는 대화와 소통이 원활한가?"
이 질문에 확실하게 "그렇다!"라고 대답할 수 있다면 다행이다. 그러나 대개는 일단 고개를 갸우뚱하면서 대답을 얼버무릴지도 모른다. 그만큼 우리는 지금까지 자신과 나누는 대화와 소통의 중요성에 대해 제대로 들은 바가 없다. 특히나 이런 현상을 부추기는 요인이 있다. 바로 스마트폰 중독이다. 이를 타파하기 위해선 개개인의 자기 절제가 필요하다. 하지만 말처럼 쉬운 문제가 아니다.
"등잔 밑이 어둡다"는 속담도 있듯이, 많은 이들이 은연중에 자신과 나누는 대화와 소통이 원활하다고 착각하고 있다. 그 대신 SNS 등을 통한 외부와의 대화와 소통에 더 많이 치중한다. 하지만 여기서 우리가 명심해야 할 게 하나 있다.
그것은 바로 '타인은 말 그대로 나와 분리된 또 다른 세계에 불과하다'는 사실이다. 나의 세계가 있고 타인의 세계가 따로 있다. 이 둘을 억지로 통합시켜선 안 된다. 그런 자기 분리가 선행될 때, 자신과 나누는 대화와 소통도 원활해질 수 있고, 스스로의 행복감도 커진다.

"타인을 지나치게 의식하고 돌보는 데만 집중하다 보면 문제가 생깁니다. 왜냐하면 타인이 가진 나에 대한 인식은 그 사람이 가진 욕구나 결핍에 따라 시시각각 달라질 수밖에 없기 때문에 매우 변덕스럽거든요. 그리고 타인 돌봄에 에너지를 쓰다보면 자연히 자신을 돌보는 데 쓸 수 있는 에너지는 줄어듭니다. 타인의 인식에 마음을 쓰고 돌봄을 자처할수록 불안정해집니다. 그래서 타인에게 좋은 사람이 되려 하기보다는 진짜 나에게 집중하는 것이 필요한데, 진짜 나를 세우기 위해선 타인의 인식을 흔들거나 무시해야 할 필요가 있습니다."

선안남 씨의 책《명륜동 행복한 상담실》에 나오는 내용이다. 타인과의 관계에 과도하게 집착하는 현대인에게 경종을 울리는 문장이다. 우리가 평소 발산할 수 있는 에너지와 열정은 무척 한정돼 있다. 그렇기에 그것을 타인이 아닌, 나 자신을 돌보는 데 힘써야 한다. 타인의 행복이 아닌 나 자신의 행복을 위해 더 많은 시간을 할애하고, 타인에게 좋은 사람이 되기보다는 나 자신에게 좋은 사람이 되기 위해 자발적으로 노력해야 한다는 뜻이다.

인생은 그렇다! 그 누구도 나를 대신해주지 못한다. 내가 마주하는 많은 문제들에 대해 내가 직접 발 벗고 나서지 않으면 그 누구도 제대로 해결하기 어렵다. 그렇다면 결론은 이미 나와 있지 않은가? 바로 내가 내 삶의 주인공으로서 주도적으로 행동하며 살아가야 한다는 사실이다.

그 중심에 내 생각과 감정이 있다. 이를 통해서 타인의 눈치만을 불필요하게 살피며, 그들의 기대에 맞춰 인정 받으려는 관계 중독에서 벗어날 수 있는 토대가 마련될 수 있다.

초연결사회

◆　◇

　　디지털 기술을 통해서 사람과 사람, 사람과 사물, 온라인과 오프라인이 긴밀하게 연결되는 사회, 초연결사회(Hyper-connected Society)가 도래했다. 현대인의 일상생활에 정보 기술이 깊숙이 개입함으로써 모든 개별 주체들이이 마치 거미줄과도 같이 촘촘하게 연결되는 사회로 풀이된다. 특히나 초고속 통신망과 스마트폰의 보급률이 세계 최고인 우리나라의 경우, 초연결사회의 전형이라고 볼 수 있다. 반면 기술의 발달로 인한 명암은 뚜렷이 구분된다.

인간의 편의와 편리를 위해 개발된 기기들이 오히려 인간 삶의 건강성을 크게 훼손시키고 있다. 특히나 스마트폰이 초래하는 외부에 의한 강요된 연결이 문제다. 그런 사회적 현상에 대한 거부반응으로 요즘 **연결되지 않을 권리**(right to disconnect)가 화두다. 이에 정부부터 동참하겠다는 발표가 얼마 전에 있었다.

행정안전부 장관이 직접 근무시간 외에 스마트폰 메신저를 통해 직원들에게 업무지시를 금지하겠다고 선언했다. 그러자 서울시도 직원들에게 업무상 카톡을 하지 않겠다고 공언했고, 이에 대기업 CJ와 연예기획사 JYP도 동참했다.

스마트폰이 초래하는 강요된 연결이 사람들에게 불필요한 스트레스를 유발하고, 사생활 침해 문제를 일으킨다는 판단에서다. 그만큼 지금 스마트폰이 주축이 되는 모바일 세상이 옴짝달싹하지 못할 정도로, 우리 인간의 일상생활을 전방위적으로 압박하고 있다.

길을 걷든 지하철을 타든, 언제 어느 곳을 가더라도 뭇 사람들의 시선은 손 안의 전자화면에 꽂혀 있다. 이것이 현대인의 자화상이 돼버렸다. 소중한 인생을 외부와의 연결에만 골몰하느라 하릴없이 낭비하다 보니, 정작 더 중요한 자기내면을 보살피고 돌보는 데는 소홀해지고 만다.

모바일은 우리에게 끊임없는 연결을 강요한다. 그리고 외부에 대한 과도한 관심을 재촉한다. 그런 탓에 갈수록 사람들은 외부와의 연결에 더 목말라하고, 또 필요 이상으로 그것에 집착하고 있다. 이것이 개개인이 행복해지는 힘, 즉 행복역량을 약화시켜 ,행복과도 멀어지게 하는 주요 원인이 되고 있다.

"당신이 하는 대화 중 가장 소중한 대화는 당신 자신과 하는 대화다."
성공학의 대가 지그 지글러의 말이다. 우리가 일상 속에서 하는 많은 대화 중에 가장 중요한 대화는 바로 나 자신과 나누는 대화이기에, 그것에 좀 더 많은 시간을 할애할 것을 강조한다. 그러나 지금과 같이 스마트폰을 통한 외부와의 연결에만 골몰할 경우, 자기 자신과 하는 대화량도 당연히 줄어든다. 진정으로 행복해지기 위해선 외부와의 연결이 아닌 자기 대화를 통한 자신과의 연결에 집중해야 할 것이다. 우리에게 가장 소중하고 중요한 것들 대부분은 바로 우리 내면에 있다.

우리네 인생은 그 자체로서 미완성품이다. 그것을 완성품으로 만드느냐 아니냐의 책임은 전적으로 개별 주체의 몫이다. 물론 여기서 말하는 완성품은 물질이나 권세, 명예 등과 같이 개인적 욕심에서 비롯한 외형적인 것을 두고 하는 말이 아니다.

나이가 들수록 인생에서 중요한 것과 그렇지 않은 것을 구분할 줄 아는 혜안이 요구된다. 전자에 해당되는 게 바로 자기 자신과의 대화라면, 후자에 해당되는 건 스마트폰에 의한 강요된 연결이다. 스마트폰이 촉발시키는 외부와의 강요된 연결을 거부할 권리는 미래의 행복을 위해서도 우리가 반드시 챙겨야 할 자기 행복결정권이다. 그것이 우리 내면을 외부의 무수한 소음들로부터 보호하고, 스스로의 행복역량을 강화해 행복하게 살아가는 비결이다.

1932년, 미국에서 180명의 젊은 여성들이 수녀로 첫 발을 내디뎠다. 그 감격적인 순간에 그들은 자신의 삶을 소개하는 '간증문'을 썼다. 이 수녀들이 쓴 글은 70년이 지난 후에 심리학자들의 손에 넘겨졌다. 연구자들은 거기에 쓰인 문장 속에 긍정적인 정서를 나타내는 단어들이 얼마나 많이 포함되어 있는지 조사했다.

어떤 수녀들은 '매우 행복한' '정말로 기쁜'과 같은 긍정적인 단어를 매우 많이 기재한 반면, 어떤 수녀들은 이런 긍정적인 단어를 거의 쓰지 않았다. 자료를 분석한 결과, 긍정적인 단어를 많이 썼던 수녀들은 무려 90%가 85세를 넘기며 오래 산 것으로 밝혀졌다. 반면, 긍정적인 단어를 별로 쓰지 않았던 수녀들은 34%만이 85세 이상 생존했다.

이민규 박사의 《행복도 선택이다》에 소개된 일화다.

우리가 일상생활 속에서 자주 사용하는 단어나 문장은 평소 자신과 나누는 대화로부터 가장 큰 영향을 받는다는 사실을 주목할 필요가 있다. 평소 자신과 긍정적 대화를 많이 구사하는 이들은 긍정적 단어나 문장을, 평소 자신과 부정적 대화를 많이 구사하는 이들은 부정적 단어나 문장을 자주 사용한다. 이때 자신과 나누는 긍정적 대화를 대폭 늘리기 위해선 외부외의 강요된 연결부터 차단시켜야 한다.

행복의 비결은 무얼까? 법정 스님은 이렇게 답했다.

"행복의 비결은 필요한 것을 얼마나 갖고 있느냐가 아니라 불필요한 것에서 얼마나 자유로워져 있는가에 있다. '어떤 상황에서도 위에 견주면 모자라고 아래에 견주면 남는다.' 일체유심조(一體唯心造)라는 말이 있듯이 행복을 찾는 오묘한 방법은 언제나 내 안에 있다."

여기서 주장하는 불필요한 것들 중에는 스마트폰에 의한 강요
된 연결도 포함된다. 행복의 비결을 인간의 외부가 아닌 내면
에서 찾을 것을 주장하는 스님의 말이 무척 인상적이다.

외부 세상이 당신 내면을 규정하도록 방관하지 마라. 행복은
자기 대화를 통해 자기 자신과 제대로 연결될 때 찾아온다. 때
문에 외부와의 강요된 연결을 거부할 권리는 미래의 행복을 위
해서도 우리가 반드시 챙겨야 할 소중한 권리다.
행복해지길 바라는가?
그렇다면 당신이 지금 한창 몰두하고 있는 스마트폰과의 연결
부터 대폭 줄여라. 대신 자기 대화를 통해 자신과의 연결에 더
많은 시간을 할애하라. 그것이 초연결사회 속에서 우리가 스스
로의 행복을 지키고 미래의 행복을 보장받을 수 있는 길이다.

국민건강이 위태롭다

◆ ◇

　　"지금 당장 스마트폰을 끄고 단 하루라도 견딜 수 있습니까?"

당신의 솔직한 대답이 궁금하다. "물론입니다!"라고 당당하게 대답할 수 있는 사람이 우리 중에 과언 몇 명이 나올지 의심스럽다. 아마도 대부분의 사람들은 확답을 얼버무릴지도 모른다. 그만큼 지금 많은 스마트폰 사용자들이 기기에 대한 의존도가 기대 이상으로 높고, 그로부터 파생되는 여러 가지 문제들로부터 자유롭지 못한 상황에 처해 있다.

개중에서 가장 큰 문제는 바로 현대인의 건강이 유래 없이 위태로워졌다는 점이다. 여기서 말하는 건강은 신체건강뿐만 아니라, 정신건강을 아우른다.

스마트폰이 초래하는 건강문제에는 어떤 것들이 있는지 구체적으로 살펴보기로 하자.

"방사선,이라고 하면 당신은 어떤 생각이 퍼뜩 떠오르는가?"
일반적으로 병원 엑스레이 검사에서 나오는 방사선이나 핵무기가 폭발하면서 방출되는 방사능, 아니면 수 년 전, 동일본대지진에 의해 발생된 방사능 유출사고를 연상할지도 모른다. 하지만 이 말고도 우리가 하루 온종일 몸에 지니고 다니는 스마트폰에서도 방사선이 나온다고 하면, 모두들 크게 놀랄 것이다.
물론 스마트폰에서 나오는 방사선은 그 양이 미미하기에 인체에 큰 해악을 끼치는 '전리 방사선'과 구분해, '비전리 방사선'으로 분류되고 있다. 때문에 '전자 방사선'이라는 용어보다는 '전자파'로 우리에게 훨씬 더 익숙하다.
그럼에도 불구하고 여기서 안심해서는 안 된다. 왜냐하면 그간에 스마트폰 전자파에 대한 연구가 다각도로 진행되면서 그것에 오랜 세월 동안 인체가 노출될 경우, 심각한 건강 문제가 발생할 수 있음을 지적하는 연구결과들이 속속들이 발표되었기 때문이다. 그렇기에 더더욱 스마트폰 사용으로 인한 국민건강 문제를 꼬집지 않을 수 없다.

'오늘도 아침에 일어나자마자 스마트폰을 가장 먼저 찾는다. 하룻밤 사이 바깥 세상에선 어떤 일이 일어났는지 궁금증이 일어 도저히 참을 수가 없다. 평소 자주 드나드는 유튜브와 특정인의 인스타그램, 페이스북, 카스(카카오스토리) 등을 방문해, 새롭게 올라온 소식이나 재미있는 동영상은 없는지 쭉 한번 살펴본다. 무심결에 그렇게 시간을 보내다 보면, 출근 시간에 임박해 부랴부랴 집을 나서게 된다. '오늘도 스마트폰 보는 걸 좀 더 자제했어야 했는데…' 라는 후회가 크지만, 그게 어디 그리 쉬운 일인가?'

직장인 P의 아침풍경을 묘사한 내용이다. 아마도 이런 모습이 요즘 대부분의 사람들이 맞이하고 있는 아침 풍경이 아닐까? 그만큼 스마트폰은 우리와 가장 친밀한 물건이 되어버렸고, 이젠 생활필수품 이상의 소중한 대상으로 등극하고 말았다. 만약 이것 없이 한나절을 견뎌보라고 하면, 결코 자신하기 어렵다. 그것 없이 생활한다는 건 생각만으로도 끔찍하다. 이렇게 스마트폰 중독이 초래하는 국민건강 문제를 우려해, 스마트폰 사용에 법적으로 나이 제한을 두는 등 적극적으로 대처하는 나라들이 많아지고 있다.

벨기에 정부는 2013년부터 7세 이하의 어린이들에 대해선 휴대전화 판매를, 14세 이하의 아이들에 대해선 휴대전화 광고를 법적으로 금지하고 있다. 기타 유럽의 여러 나라들도 10세 미만의 어린이에게 스마트폰 사용을 법적으로 금지하고 있다. 심지어 우리나라와 가까운 일본의 경우, 이미 초등학생의 스마트폰 사용을 금지시키는 법률을 제정해 시행 중에 있다.

스마트폰 중독이 불러일으키고 있는 국민건강 문제 뿐만 아니라 여러 가지 사회문제들을 우려해서다. 이들 나라와 달리 우리나라는 아직도 스마트폰으로 인한 국민건강 문제에 대해 관심조차 기울이지 않고 있다. 때문에 그것을 예방하기 위한 어떠한 법 규정도 제대로 마련하지 않았다.

몇 해 전 10~19세의 아이들을 대상으로 한 실태조사에서 약 20%가 스마트폰 중독을 호소했다. 하루 평균 7시간 이상을 사용한다는 보고는 아이들의 건강과 정서가 얼마나 심각한 위협을 받고 있는지 구체적으로 밝혀주었다. 그런데 더 큰 문제는 자신의 스마트폰 사용에 부모가 무관심하다고 대답한 청소년도 31.5%나 된다는 한국정보화진흥원

의 인터넷 중독실태조사다. 자녀의 공부, 성적 등에는 그
토록 열성이던 부모들이 자녀의 스마트폰이나 인터넷 사
용에는 거의 방치하고 있다는 점이 더욱 놀랍다.

황옥자 동국대 교수가 쓴 책《부처님의 사랑법》에 나오는 내용
의 일부다.
아이들의 공부와 학업에 대해선 눈에 불(?)을 켜가면서 적극적
인 한국 부모들이 아이들의 스마트폰 사용에 대해선 태무심하
게 대응하고 있는 현실이 도저히 납득하기 어렵다. 오히려 아
이들 심신의 건강이 훨씬 더 중요함을 감안하면, 학업보다도
스마트폰 사용을 통제하는 게 마땅하지 않을까? 이에 대해선
일체의 대응도 하지 않는 현실이 무척 아이러니하다. 그만큼
지금 한국 사회가 국민들의 스마트폰 중독문제에 대해 너무나
안일하게 대처하고 있는 건 아닌지 걱정스럽다.

우리나라가 세계적인 IT(Information Technology)강국이라는
영광의 가면 뒤에는 스마트폰 중독과 그로 인한 심각한 국민건
강 문제가 함께 도사리고 있다. 이런 추세대로라면 머지 않아
스마트폰이 불러일으킬 한국인의 심각한 건강문제를 포함해,

여러 가지 심각한 사회문제들을 우려하지 않을 수 없다. 이는 비단 스마트폰에서 나오는 전자파만을 염두에 두고 하는 말이 아니다. 스마트폰 중독에 따른 2차적, 3차적 연쇄문제들도 함께 고려한 부분이다.

도대체 스마트폰이 뭐길래, 그렇게 많은 사람들이 자신의 건강을 해치면서까지 목을 매고 있을까? 도무지 이해하기 어렵다. 옛말마따나, 그것에 매달린다고 돈이 나오는 것도 아니요, 밥이 나오는 것도 아닌데, 왜 우리는 그 조그만 액정에 하루 온종일 시선을 강탈당하고 있는 걸까?

이런 시각에서 나는 지금부터 스마트폰 중독에 따른 여러 가지 문제들을 면밀하게 살펴보고, 이를 해소하기 위해 본격적인 논의를 시작해보고자 한다.

자발주의냐 비자발주의냐

◆ ◇

     '주의(主意)'라는 말의 사전적 의미는 '특정 대상에 관심을 기울이는 정신 기능'이다. 영어로는 'Attention'으로 표현되는 이 용어는 인간이 살아가는 데 있어 무척 중요한 기능을 한다.

가령, 길을 걷고 있는 데 갑자기 차 한 대가 나를 향해 돌진할 경우, 피하지 못하면 목숨이 위태해진다. 이때 나를 향해 돌진하는 차에 대한 '주의'는 내 생명과 직결되는 지대한 역할을 한다.

흔히 주의에도 두 가지 종류가 있다. 바로 '자발주의'와 '비자발주의'다. 자발주의란 특정 대상에 대해 내가 의식적인 노력을 기울이는 주의를 뜻한다. 반면, 비자발주의는 내가 특별히 노력하지 않아도 자동적으로 대상에 집중하는 주의다. 쉽게 설명하면, 전자는 당사자의 의식적 집중을 요하는 적극적 주의임에 반해, 후자는 당사자의 의식적 집중이 필요 없는 수동적 주의에 속한다. 그렇다면 학생이 좋은 성적을 거두기 위해 필요한 주의는 이 둘 중 어느 것에 해당될까?

당연히 전자의 자발주의다. 하지만 스마트폰 중독에 다다른 현대인들은 하루 온종일 자발주의가 아닌 비자발주의에 깊이 빠져 있다.

스마트폰의 가장 큰 문제는 현대인의 비자발주의를 과도하게 자극한다는 사실이다. 그런 탓에 하루 내내 무기력하고 수동적으로 살아가는 이들이 급증했다. 스마트폰이 제공하는 현란하고 감각적인 콘텐츠에 한 번 빠져들면 그로부터 빠져나오기가 여간 힘든 일이 아니다. 아무런 생각 없이 그것에 몰입하다 보면 몇 시간이 후딱 지나가버리고 만다. 그리곤 이런 생각이 불현듯 든다.

'도대체 지난 몇 시간 동안 내가 한 건 뭐였지?'

갑자기 내면이 공허해지고 후회막급 해진다. 이에 대한 우려에 동감을 표하는 이가 있다.

미국의 주의력 전문가, 심리학자 루시 조 팰러디노다. 그의 책 《스마트폰을 이기는 아이》를 보면 이런 내용이 나온다.

> 아이의 장래 성공을 좌우하는 것은 비자발주의가 아닌 자발주의다. 더욱이 자발주의는 지금 당장 아이 스스로 디지털 미디어 사용을 조절하는 데도 필요하다. 현란한 자극으로 아이들의 주의를 사로잡는 주의력 날치기인 디지털 기기는 아이들의 친구가 될 수도 있고, 적이 될 수도 있다. 그렇다면 무엇이 그것을 판가름할까? 꺼야 할 때 끌 줄 아는 아이에게는 친구이지만, 그러지 못하는 아이에게 디지털 기기는 적이다.

뇌가 한창 성장 중에 있는 아이들에게 스마트폰은 비자발주의를 활성화시킨다. 적극적인 생각을 요하는 자발주의는 아이의 뇌 성장에 유익하지만 그와 반대인 비자발주의는 뇌 성장을 늦춘다. 이는 비단 아이에게만 국한되는 이야기가 아니다. 성인도 예외가 아니다. 적극적인 사고력을 요하는 자발주의는 인간이 살아가면서 마주하는 많은 문제들을 해결하는 능력으로 전환된다. 한마디로 문제해결력을 키우는 데 결정적 역할을 한다. 반면 비자발주의는 사고력의 약화로 이어져, 문제해결력 또한 약화시킨다.

우리 인간이 행복하게 살아가는 데 꼭 필요한 주의는 바로 자발주의다. 이 능력이 제대로 길러져야, 학생은 공부를 잘할 수 있고, 사업가는 사업을 잘할 수 있고, 예술가는 훌륭한 예술작품을 만들어낼 수 있다. 그만큼 자발주의는 우리가 인생을 보다 더 성공적이고 행복하게 살아가는 데 있어 반드시 요구되는 필수 자질이다.

그럼에도 불구하고 최근 들어 스마트폰에 중독된 이들이 '기하급수적으로' 증가하면서 우려감이 커지고 있다. 마치 인간이 기기를 부리는 것이 아니라, 기기가 인간을 부리고 있는 형국이다.

어처구니없는 일이다! 왜 우리가 성공적이고 행복하게 살아가는 데 꼭 필요한 자발주의력을 기를 소중한 기회조차 스마트폰에 갖다 바치고 있는 걸까? 심지어 건강을 해치면서까지 그것에 점점 더 깊이 빠져들어 있는 사람들을 보고 있노라면, 그들의 미래 또한 암울하게 느껴진다. 만약 이 추세대로 계속 간다면, 어느 순간 인간이 기기의 노예로 전락한 채 기기의 명령을 따르느라 자신의 영혼조차 건사하지 못하게 되는 건 아닌지 걱정스럽다. 이러한 비자발주의에서 하루속히 벗어나야 한다.

아이가 성인이 된 후 성공적이고 행복하게 살아가는 자질을 탐구한 조사로 가장 많이 회자되고 있는 미국 스탠퍼드대 월터 미쉘 박사의 마시멜로 실험!

아이들에게 마시멜로를 한 개씩 주면서 연구진이 돌아올 때까지 먹지 않고 참으면 마시멜로를 한 개 더 주겠다고 말했다. 대부분의 아이들은 마시멜로를 곧바로 먹었지만 개 중 몇 명은 연구진이 올 때까지 마시멜로를 먹지 않고 참았다.
15년 뒤, 실험에 참여했던 아이들을 다시 만났는데, 마시멜로를 먹지 않고 기다린 아이들은 성장 후 인간관계도 좋았을 뿐만 아니라 학업 성적도 우수했다. 하지만 참지 못하고 마시멜로를 곧바로 먹은 아이들은 이후 약물중독, 사회 부적응 등의 문제점을 보였다고 한다. 이에 미쉘 박사는 인내력이 아이들이 장차 사회에 적응하고 성공적이고 행복하게 살아가는 데 필요한 핵심 자질임을 발표했다.

이 사례를 보더라도, 아이가 장차 성공적이고 행복하게 살아가는 데 있어 인내력이 가장 중요한 자질임을 알 수 있다. 물론이 인내력 역시도 자발주의력과 연관이 깊다. 유혹을 참아내는인내력을 기르기 위해선 자발주의력을 적극 발휘해야 하기 때문이다.

앞의 루시 조 팰러디노의 책을 보면 다음과 같은 내용이 언급된다.

"만약 당신의 아이가 디지털 화면에만 주의를 기울이고 있다면 자발주의력이라는 핵심능력을 방치하고 있는 거다."

이 문장을 다르게 차용하면, 이렇게 말할 수 있지 않을까?

"만약 당신의 아이가 지금 디지털 화면에만 과도한 주의를 기울이고 있다면, 당신의 아이는 미래의 성공과 행복을 놓치는동시에 스스로의 삶을 불행하게 방치하는 거나 다름없는 태도를 취하고 있는 거다!"

◆ ◇

디지털 시대의 최대 특징은 무제한의 데이터베이스 저장공간을 뜻하는 클라우드(Cloud)와의 상시적인 접속이다. 이를 통해 우리는 언제 어디에서든 무수한 정보와 지식을 '시시때때로' 확인하고 활용할 수 있다. 이젠 스마트폰을 폐기하고 무인도에서 혼자 살지 않는 이상, 이 거대한 연결에서 빠져나오기는 힘들 것 같다. 이런 환경이 현대인의 스마트폰 중독을 더욱 더 부채질하고 있다.

길을 걷든 지하철을 타든 언제 어디서든 스마트폰은 현대인의 눈과 손을 꽁꽁 묶어놓고 있다. 그로 인한 여러 가지 문제들을 더 이상 방관해서는 안 된다는 게 지금 우리 앞에 놓인 숙제다.

과잉연결 사회가 일으키는 여러 가지 다양한 문제들 중 중요한 것 하나는 동일 연결망 속에 있는 타인들의 생각과 반응을 필요 이상으로 예민하게 받아들인다는 사실이다. 이것이 문제다. 왜냐하면 사회의 상호 연결성이 적정 수준을 넘어섰을 때, 어떤 민감한 사안이 한 쪽에서 터지면, 다른 한 쪽에선 심각한 지경에 이르게 될 가능성이 높기 때문이다. 심지어 한 쪽의 갈등과 분쟁이 다른 한 쪽으로 일파만파 번져, 그쪽 공동체가 위태로워지는 중차대한 문제로 확대되기도 한다.

현재 사이버 세계에서 벌어지고 있는 많은 문제들이 대개 이런 과정을 거쳐 불거지고 있다. 그만큼 현대사회는 과거와 비교해 훨씬 더 민감하고 예민한 사회로 둔갑되고 말았다. 과잉연결 사회의 폐단이다. 이런 디지털 시대의 고질병을 바로 얼마 전에 또 다시 목격할 수 있었다.

러시아 축구 월드컵 예선 경기에서 우리나라가 1차전에선 스페인과, 2차전에선 멕시코와 맞붙었지만 잇따라지고 말았다. 한국 국가대표 수비 팀에 있던 한 선수의 거듭된 실책이 한국이 연패하게 된 원인으로 작용했다. 그러자 그 선수에 대한 비난이 갑자기 네티즌들 사이에서 고조되었다. 국가대표 팀에서 당장 빼야 한다는 의견이 나오는가 하면, 선수로서 영구 제명 시켜야 한다는 의견이 나오기도 했다. 이 말고도 도저히 입에 담을 수 없는 망발을 일삼는 이들도 적지 않았다.

하지만 이후 독일과의 예선 3차전에서 한국이 독일을 2대 0으로 대파했다. 그러자 네티즌들의 반응이 180도 변했다. 그 선수에 대한 험담이 단박에 쑥 들어가버렸을 뿐만 아니라, 오히려 그를 옹호하며 응원하는 이들까지 생겼다.

과잉연결 사회에서 벌어지고 있는 마녀사냥식 재판이 어떤 과정을 거쳐 끝맺게 되는지 이번 사건을 통해 재확인할 수 있었다. 일련의 과정을 지켜보면서 기분이 씁쓸했다. 왜냐하면 디지털 시대의 과잉연결이 우리 사회의 건강성을 크게 훼손시키고 있다는 위기감을 가져야만 했기 때문이다.

특히나 스마트폰 보급률이 세계 최고인 우리나라의 경우, 네티즌의 입김 또한 매우 강력한 것으로 정평이 나 있다. 어떤 문제가 그들에게 한번 잘못 걸리면(?) 그 후폭풍을 감당하기가 어려울 정도다. 그러다가 문제가 해소되거나 상황이 바뀌면 네티즌들도 언제 그랬느냐는 식으로 태도가 돌변한다.

이런 류의 사건들을 연거푸 보면서 현재 디지털 세상에서 벌어지고 있는 마녀사냥식 재판이 어떤 일정한 원칙이나 기준 없이 그때 그때의 집단 여론이나 집단 감정에 의해 무차별적으로 배설되고 있음을 확실히 깨달을 수 있었다.

사회의 건강성은 구성원들의 다른 생각이나 행동조차도 폭넓게 받아들여지고 용인될 때 보장된다. 나와 다른 생각이나 행동이라고 해서 함부로 배척해서는 안 된다. 다른 것은 틀린 게 아니다. 부정적인 비난이 아닌 건전한 비판이 허용되고 관용과 이해가 용인되는 사회가 건강한 사회다. 이것이 바로 열린사회의 필수 조건이다. 하지만 지금 우리 사회는 그런 긍정적인 모습과는 무척 동떨어져 있다.

최첨단 디지털 기기들이 주는 편리함으로 인해, 인간은 과거보다 훨씬 더 행복해질 것으로 기대되었다. 하지만 막상 디지털 시대에 접어드니, 중구난방(衆口難防)으로 일어나는 오만가지 문제들이 된통 우리의 뒤통수를 세게 때린다. 이름하여 '디지털의 역습'이다.

그럼에도 불구하고 디지털 시대에 대한 현대인의 기대감은 갈수록 더 커지고 있다. 심지어 기기를 통한 연결이 사람과 사람과의 직접적인 만남을 대신할 수 있을 거라고 생각하는 이들까지 생겼다. 결코 바람직한 모습이 아니다. 분명한 사실은 디지털적 연결과 아날로그적 만남은 질적으로 완전히 다르다는 점이다.

일단 '연결'은 언제 어디에서든 시공간의 제약 없이 얼마든지 가능하다. 하지만 서로의 체온과 체취가 오가고 생각과 감정이 교류되는 화학적 반응은 생략된다. 반면 '만남'은 서로의 체온과 체취가 공유되고, 생각과 감정이 교류되는 화학적 반응이 활성화되는, 보다 더 차원 높은 연결로 볼 수 있다.

디지털 세상이 되면서 사람들 간의 직접적인 만남이 상당 부분 거세당하고 있다. 서로의 의사를 카톡이나 문자 몇 단어로 주고받음으로써 서로가 충분히 소통했다고 착각하는 이들이 많아졌다. 하지만 사람이 기기가 아닌 이상, 서로의 의사만 주고받았다고 해서 서로를 충분히 경험하고 이해했다는 생각은 연결을 과대평가하고 있는 요즘 시대의 한계를 드러낸다. 이런 생각을 하는 이들은 인간에게 있어 진정한 연결은 직접적인 만남을 통해 서로 간의 화학적 융합이 일어날 때 가능하다는 사실을 망각하고 있다.

스마트폰에 깊이 중독된 현대인은 타인과 함께 있기를 불편해한다. 차라리 좁은 액정을 보면서 혼자 있는 걸 훨씬 더 편하게 여긴다. 이런 개인주의가 팽배해지면서 타인을 배려할 줄 모르는 이기주의 사회가 대두되고 있다. 그 결과, 지금 우리 사회는 급속도로 인정과 인간미가 메말라가고 있다. 온종일 좁은 화면에만 시선을 고정시킨 채, 스스로의 생각과 감정에만 충실한 이들을 보고 있노라면, 그들의 마음도 좁은 액정만큼 옹졸해져버렸을 뿐 아니라 세상을 보는 시각 또한 급속도로 편협해졌음을 느끼게 된다.

인간의 편리와 편의를 위해 개발된 디지털기기들이 오히려 인간의 다양한 생각과 표현을 막는 걸림돌로 부각되고 있다. 그것은 연결이 아니라 또 하나의 단절에 해당된다. 연결이 중요한 건 그것의 반대 모습인 끊음이 가능하기 때문이다. 이를 조절이라는 말로 표현하기도 하고, 중용(中庸)으로 표현하기도 한다.

스마트폰을 향한 터치가 중독적이고 맹목적인 '터치'가 아니라 마치 소풍을 가듯 즐겁고 가벼운 '터치'가 될 때, 행복한 인간이 많이 양산되는 건전한 디지털 사회로 거듭날 수 있을 것이다.

내면의 소음을
유발하는 것들

◆ ◇

　며칠 전, 20년 넘게 사용해온 폴더폰을 어쩔 수 없이 스마트폰으로 바꿨다. '업무 단톡방(단체톡방)'을 개설해, 직원들 간의 소통력을 높이고 일에 효율을 기하라는 경영진의 지시가 떨어졌기 때문에 어쩔 수 없는 일이었다.

여태껏 내가 폴더폰을 고집해온 이유는 따로 없다. 단지 지금까지 스마트폰으로 바꿔야 할 뚜렷한 명분을 찾지 못했기 때문이다. 오히려 스마트폰으로 갈아탈 경우, 그나마 잘 유지해온 내 일상의 패턴이 크게 흐트러질 것만 같았다. 물론 그 이전에도 스마트폰으로 바꿀 기회가 몇 번 있었다. 하지만 이내 포기하고 말았다.

그 즈음 아내가 스마트폰으로 바꾸고 난 후, 갈수록 폰 중독 증

세가 심해지고 있다는 느낌을 지울 수 없었기 때문이다. 시시
때때로 좁은 액정에 시선을 고정시킨 채, 그 안에 들어 있는 온
갖 다양한 오락이며 콘텐츠에 갈수록 더 깊이 빠져드는 아내를
보면서, 나마저 거기에 동참하고 싶은 마음은 추호도 없었다.

혼자 있으면 늘 책을 읽고 책을 쓰는 습관이 몸속 깊이 배인 내게 있
어, 스마트폰은 걸림돌이 될 게 뻔했다. 언젠가 소설가 조정래 선
생님이 휴대폰을 사용하지 않는 이유를 밝힌 적이 있다. 이유
인즉슨 "내게 용건이 있는 사람이라면 어떤 식으로든 연락을
취하게 돼 있다"는 말로써 대답을 대신했다고 한다. 그분의 말
에 백번 동감한다.

'똑똑한 전화기'라는 의미의 '스마트폰'이 등장한 이후, 우리의 일
상풍경도 많이 변했다. 지구 반대편에서 일어나고 있는 일들이
실시간 내 손 안으로 전달될 정도로, 정보의 사각지대가 확연
하게 줄어든 점은 스마트폰의 최대 장점에 속한다. 반면 우리
가 굳이 알 필요도 없는 시시콜콜한 나쁜 정보들도 우리 의사
와 상관없이 무차별적으로 전달되는 현실은 결코 바람직하지
않다.

그보다 더 큰 문제는 같은 시간 같은 장소에 함께 자리하고 있음에도 불구하고 서로 간의 직접적인 대화가 현저하게 줄어들었다는 사실이다. **서로가 같은 시간과 같은 공간을 점하고 있지만 각자의 눈은 상대의 눈이 아닌, 자기 손 안의 액정만 주시할 뿐이다.** 그로 인해 상대의 눈을 직접 보면서 대화를 나누고 감정을 교류할 기회조차 갖지 못하고 있다.

하루는 지인 몇 명과 함께 점심 식사를 하려고 식당에 들렀다. 음식이 나오기 전까지 두런두런 대화를 나누며 분위기를 북돋우고 있는 우리 일행과 달리, 바로 뒤의 젊은이들은 음식이 나올 때까지 누구 하나 한 마디 말도 하지 않았다. 심지어 주문한 식사가 나왔을 때도 모두들 폰에만 정신이 팔려 묵묵히 밥을 먹었다. 사람들 간의 대화와 소통의 편의를 위해 개발된 스마트폰이 오히려 사람들 사이에 두터운 장벽을 만들고 있는 현실을 직접 목도할 수 있었다.

이 사례를 보더라도 스마트폰의 가장 큰 폐해는 같이 만나고 있는 사람들 간의 단절을 부추기고 있다는 점이다. 직접적인 대화와 소통도 단절될 수밖에 없다. 특히나 간과하기 어려운 문제는 스마트폰을 통해 쏟아지는 무수히 나쁜 외부 정보들이 우리 의지와 상관없이 무차별적으로 전해져, 우리 내면의 소음이 갈수록 커지고 있다는 사실이다. 이것이 내면을 어지럽히면서 집중하는 힘, 즉 자발주의력을 앗아간다. 스마트폰의 폐해는 이뿐만이 아니다. 내적 평화를 이룩해 힐링을 얻는 생산적 시간 대신 외부와의 연결에 골몰하게 만듦으로써 소비적인 시간만을 활성화시킨다. 스마트폰 다음으로 우리가 경계해야 할 게 하나 더 있다.

'바로 TV다!'

일단 TV앞에 있으면, 몇 시간이 금세 지나갈 정도로 현대인의 TV중독 증세는 이미 심각해졌다. 특히나 지상파 방송과 더불어, 종편(종합편성채널)의 등장으로 말미암아 TV앞에 있는 시간이 훨씬 더 길어졌다. 공중파와 종편, 케이블 방송을 통틀어 수백 개의 채널이 이미 TV 화면 속에 자리 잡고 있다.

사람들은 더더욱 TV의 유혹을 물리치지 못하게 되었고, TV시청 시간을 자발적으로 통제할 능력을 상실했다. 무분별하게 시간 때우기 식으로 TV만을 응시할 경우, 우리는 이내 바보상자 안에 갇힌 바보로 전락하고 만다. 그에 따라 스스로의 생각과 감정을 돌보고 행복감을 키울 수 있는 기회를 박탈당한다.

TV의 부정적인 영향을 특히 더 강조하고 있는 이가 있다. 한때 TV 홈쇼핑에서 유명 쇼호스트로 이름을 날렸던 장문정 씨다. 그가 쓴 책 《사람에게 돌아가라》를 보면 다음과 같은 구절이 나온다.

TV가 외로움의 근원이 될 수밖에 없었던 이유는 간단하다. TV 속 세상은 현실과 다르게 과하게 신나 있다. TV 속의 사회는 지나치게 유쾌함을 강조한다. 우리의 애달픈 삶과 너무나도 동떨어져 있다. 그걸 보노라니 TV만큼 행복하지 않은 내 현실이 슬프고 외롭게만 느껴진다. TV 속 세상은 가장 아름답고 정갈하게 편집되어 있다. 하지만 내 현실은 편집이 안 된다. 궁색하고 참 없어 보인다. 그 괴리감이 외로움을 낳는다.

과거 TV홈쇼핑을 통해 많은 인기를 구가했던 그가 오히려 TV의 해악을 낱낱이 밝히고 있다는 사실이 다소 의외다.

집에 혼자 있으면 우리는 자동적으로 TV 리모컨으로 손을 뻗친다. 모두들 TV가 주는 유쾌함과 단순함, 비현실성 뒤로 재깍 숨어버린다. 그로 인해 더더욱 자기 내면 들여다보기를 껄끄러 위한다. 이는 모바일의 폐해에 버금간다. 외부의 무수한 소음을 자신의 내면으로 무차별적으로 끌어당기고 있는 셈이다.

스마트폰이나 TV를 보며 낭비하는 시간도 내 인생의 소중한 시간임을 명심하라. 스마트폰이나 TV를 보며 낭비한 시간과 내 인생시간이 별개가 아니라는 말이다. 우리가 넋 놓고 바라보는 스마트폰 액정과 TV화면은 외부의 무수한 소음을 우리 내면으로 가감없이 끌어들이는 핵심 매개체로 떠올랐다.

스마트폰과 TV의 유혹에서 당장 벗어나라. 기기들이 속삭이는 끊임없는 소음들로부터 스스로를 보호하라. 외부의 무수한 소음이 내면으로 전달되는 걸 막기 위해선 개개인이 액정과 화면 대신 자기 자신의 내면 돌보기를 우선시 해야만 한다.

변해야 할 것과 변하지 말아야 할 것

◆ ◇ ◆

'어디든지(Everywhere)'라는 뜻의 라틴어에서 유래한 유비쿼터스(Ubiquotos)!

'사용자가 장소와 시간에 구애받지 않고 자유롭게 인터넷에 접속할 수 있는 환경'을 뜻하는 말이 등장한 지 그리 오래되지 않았지만 이제 이 말은 잘 쓰이지 않고 있다. 그 '유비쿼터스'는 모두 어디로 사라졌을까?

유비쿼터스는 진즉에 '스마트'에 묻히고 말았다. 스마트폰이 촉발한 모바일 혁명을 통해서 이미 세상은 또 다른 방향으로 변하고 있다. 우리는 스마트폰, 스마트 워치, 스마트 TV, 스마트 빌딩, 스마트 시티 등 '스마트(Smart)'라는 말을 앞세운 용어들이 난무하는 시대에 당도하고 말았다.

우리말로 '똑똑한' '영리한'이란 뜻을 가진 이 말을 기기에다 갖다 붙이는 이유는 무얼까? 그것은 바로 '사용자인 인간이 굳이 나서지 않아도 기기들이 알아서 인간이 원하는 걸 척! 척! 다해주기' 때문이다. 여기서 이 용어를 면밀하게 들여다볼 필요가 있다.

'사용자인 인간이 나서지 않아도 기기들이 인간이 원하는 걸 척! 척! 다해준다'는 말은 사용자인 인간이 능동적인 입장이 아니라 수동적인 입장으로 바뀐다는 말이다. 한마디로 인간이 주체로서의 '능동태도(能動態度)'가 아닌, 객체로서의 '수동태도(受動態度)'로 입장이 변해버린다는 뜻이다.

스마트폰을 필두로 세상의 모든 분야가 급속도로 스마트화 되고 있는 상황에서 지금까지 정보와 지식을 주도했던 인간은 더이상 주체적인 입장이 아니다. 바로 스마트폰 기기들이 인간의 역할을 대신해 주도권을 쥐고 있기 때문이다. 이것이 문제다. 왜냐하면 기기들이 인간이 원하는 역할을 대신할 경우, 인간이 가질 수 있는 자기결정권도 급속도로 약화될 수밖에 없기 때문이다. 인간은 세상의 중심이 아닌 변방으로 떠밀려나버렸다. 그렇다면, 인간이 스마트 기기들에 떠밀려 뒷방노인 신세로 전락하지 않기 위해선 어떤 자구노력을 기울여야만 할까?

이에 앞서, 우리가 전제해야 할 사실이 하나 있다. 그것은 바로 지금 디지털이 주도하는 거대한 변화를 막무가내로 거부해서는 안 된다는 사실이다. 왜냐하면 이미 세상의 모든 변화의 주도권이 인간에게서 기기로 옮겨간 이상, 그것을 거부한다는 건 곧 스스로를 낙오자로 전락시킨다는 의미이기 때문이다. 변화는 스마트 혁명 시대의 엄명(嚴命)이자 숙명(宿命)이다. 그것을 제대로 이해하고 받아들이자. 다만 그런 변화 속에서도 우리가 변치 말아야 할 것들이 분명 존재한다.

그것은 바로 개개인이 중요시하는 가치관이다. 이를 철학(哲學)이라고도 하고 사상(思想)이라고도 부른다. 중요한 것은 그것을 지칭하는 용어가 아니라 그 어떤 변화의 흐름 속에서 우리가 그에 내맡길 게 있고 그렇지 않은 게 있다는 사실이다. 거대한 변화의 바람 앞에서 자신이 중요하게 여기는 가치를 굳건히 지켜가는 게 자기 정체성을 지켜나가는 근간이 된다.

개인적으로 내가 절대시 해온 가치가 있다. 그것은 바로 '인간'이다. 나는 그 어떤 상황에서도 항상 '인간'을 잊지 않으려 노력한다. 그런 탓에 늘 마음 속 깊이 '인간'을 의식하면서 살아가고 있다. **어쩌면 내가 지금 이렇게 책을 쓰는 것도 내가 직접 만날 수 없는 세상의 많은 인간들에 대한 관심과 애정에서 비롯되었다고 볼 수 있다.** 그들이 보다 더 충만하고 행복한 삶을 영위할 수 있도록 미력이나마 도움을 주기 위해서다. 그렇기에 '인간'은 항상 나를 지배하는 가치이자, 내 가슴 깊이 든든히 자리 잡고 있는 인생 단어다.

하지만 요즘, 인간이 만든 기기들에 치여 오히려 인간이 설 자리를 잃어버렸다는 쓸쓸함을 떨쳐버릴 수가 없다. 그런 현상들을 자주 목격하다 보니 인간이 더 이상 기기들에 의해 일방적으로 떠밀리고 소외당해서는 안 된다는 신념을 갖게 되었다. 그래서 이 책을 쓰게 되었다.

"삶은 살아있는 자들이 소유하는 것이다. 살아있는 자는 반드시 여러 가지의 변화에 대해 대비해야만 한다" 라는 괴테의 말을 빌리면, 변화는 모든 생명체들이 맞이하는 운명임을 알 수 있다. 이를 간략하게 표현하면, '생명 = 변화'라는 도식으로 표현할 수 있다.

유비쿼터스, 스마트, 다음으로 또 어떤 단어들이 활개를 칠까? 중요한 건 변화는 모든 생명체에게 과거에도 있었고, 현재도 진행

중이고, 미래에도 분명 계속된다는 사실이다.

영속적인 거대한 변화의 소용돌이 속에서 인간이 길을 잃은 미아로 전락하기 않기 위해선 무엇보다도 스스로가 변해야 할 것과 변치 말아야 할 것을 구분하는 혜안을 갖춰야만 한다. 마냥 변화를 뒤쫓느라 자신의 모든 것들을 내팽개치는 것은 스스로를 기기의 노예로 전락시키는 꼴이 되고 만다. '변화'라는 대세를 수용하되 자신에게 소중한 가치는 굳건히 지켜나갈 수 있어야 한다. 이것이 우리 인간이 스마트 혁명 시대의 낙오자가 아닌 동반자로 나설 수 있는 길이 된다.

해 이
기 기
인 인
가 가

◆　◇

　　2009년 애플사(社)의 스마트폰이 처음 출시된 지 만 10년에 불과하지만 스마트폰은 그동안 엄청난 인기를 구가하면서 세상의 중심이 되었고, 인간의 삶의 지도를 완전히 뒤바꿔놓은 핵심 매개체가 되었다.

그 어떤 기기도 그것을 쓰는 사람의 태도에 따라 이기(利器)가 되기도 하고 해기(害器)가 되기도 한다. 기기 그 자체가 결정짓는 게 아니다. 하지만 현대인의 스마트폰 중독으로 인해 갖가지 사회 문제들이 불거지는 현실을 감안하면, 스마트폰은 분명 현대인에게 이기보다는 해기에 가깝다는 생각을 뿌리치기 어렵다. 그럼에도 불구하고 스마트폰의 영향력은 전혀 수그러들지 않고 있다.

아날로그 시절의 중독이라 하면 니코틴 중독, 알코올 중독 등과 같은 물질 중독이 상당 부분을 차지했다. 하지만 스마트폰이 확산되면서 행위 중독이 급격히 늘었다. 항상 스마트폰을 손에 들고 있어야 하고 액정에서 시선을 떼지 못하고 있는 현대인을 보고 있으면, 마치 모두들 스마트폰이라는 괴물에 잡아먹혀 버렸다는 느낌을 지울 수 없다. 그렇다면 우리가 이 괴물의 손아귀에서 벗어나, 보다 더 자유롭고 행복하게 살아가기 위한 방책은 있기나 한 걸까? 이에 대한 조언을 얻기 위해 먼저 공자와 관련된 일화를 살펴보자.

하루는 공자가 제자들과 함께 노나라 환공의 사당(祠堂)을 참배하게 되었다. 절을 하기 위해 제상(祭床)을 보니 그곳에 기울어진 그릇이 하나 있기에 사당지기에게 물었다.

"이것은 대체 무엇입니까?"

"환공께서 늘 가까이 두고 좌우명으로 삼으시던 그릇입니다."

"그렇군요! 잘 알겠습니다."

그런 뒤 제자들을 보며 이렇게 말했다.

"지금 당장 가서 물을 길어다 여기에 부어라."

제자 중 한 명이 바가지에 물을 담아와 그 안에 천천히 부었다. 그러자 물이 중간까지 찼을 때는 그릇이 반듯이 섰지만, 주둥이까지 꽉 차자 그릇이 뒤집히면서 그 안에 있던 물이 몽땅 엎질러졌다. 그때 제자들 사이에 있던 자공(子貢)이 공자에게 물었다.

"선생님, 이것이 비었을 때는 기울어져 있었는데, 물이 중간쯤 차자 반듯하게 서고, 물이 가득 찼을 때는 그릇이 뒤집혀 물이 엎질러지는 것은 도대체 무슨 이치입니까?"

공자가 답했다.

"이는 사람됨의 그릇과 같느니라! 지혜로운 사람은 자신의 어리석은 면을 볼 줄 알고, 공덕이 높은 사람은 겸손하고 사양할 줄 안다. 용감한 사람은 두려워할 줄 알고, 부유한 사람은 근검절약을 할 줄 안다. 겸손하되 물러나면 손해는 보지 않는 것도 바로 이런 이치니라! 모든 일에는 적정 수준이 있다. 어느 한 쪽으로 기울거나 치우치지 않고 지나침도 모자람도 없는 적정수준을 중용(中庸)이라고 한다."

스마트폰 중독에 허덕이는 현대인에게 지금 가장 필요한 태도가 '중용'이 아닐까? 인간의 모든 생활이 스마트폰을 중심으로 돌아가고 있는 이때, 우리에게 필요한 건 '중독'이 아니라 '중용'이다.

세상만사가 다 그렇듯, 지나침이 결국 화(禍)를 부른다. 지금 일어나고 있는 온갖 다양한 사회문제들도 그렇다. 이는 결국 인간이 스스로의 욕망을 조절하지 못했기 때문에 이 지경에 다다른 것이다. 솟아오르는 욕망 그대로 사는 것은 인간이 할 도리가 아니다. 한낱 짐승에 불과하다.

늘 자중자애(自重自愛), 즉 몸과 마음을 포함해 자기 자신의 모든 것을 소중히 여기고 아낌으로써 스스로를 보호할 수 있어야 한다. 스마트폰 중독에 허덕이고 있는 현대인이 그것을 극복하기 위해 늘 명심해야 할 단어가 바로 '중용'이다.

똑같은 기기라도 그것을 사용하는 주체의 태도에 따라 그것이 이기가 되기도 하고 해기가 되기도 한다. **같은 칼이지만 의사가 사용하면 사람의 목숨을 살리는 이기가 되지만, 강도가 손에 쥐면 사람의 목숨을 빼앗는 해기가 되는 것과 같은 이치다.**

틈만 나면 습관적으로 전자화면에 시선과 손을 두는 자신을 보면서 문득 '내가 왜 이러고 있을까?' 라는 생각을 한 적이 있는 가? 그렇다면 이미 당신은 스마트폰에 깊이 중독돼, 그것이 당신에게 해기로 작용하고 있다는 증거다.

중독, 지나침을 경계하자. 늘 중용을 명심하면서 스스로의 욕망을 절제하자. 이것이 바로 우리 현대인이 스마트폰 중독에서 벗어나 그것을 해기가 아닌 이기로 활용할 수 있는 방법이다.

: : 002 : :

디지털
디톡스
:
좋은 습관의 힘

건강은 기본이자 모든 것

◆ ◇ ◆

합기도에 입문한 지 올해로 24년째 접어들었다. 이렇게 오랜 세월 동안 수련을 하게 되리라곤 전혀 예상치 못했다. 애당초 합기도에 입문하게 된 것도 내 의지가 아니었다.

회사에 입사하고 채 2년도 되지 않아, 몸무게가 20킬로그램 이상 불었다. 갑자기 비대해진 몸 때문에 일상생활이 쉽지 않았다. 그보다 더 걱정되는 게 있었다. 바로 당뇨와 고혈압 등의 성인병이었다. 당시 부모님 두 분 다 오랜 당뇨병과 고혈압으로 고생하고 계셨기 때문에, 두 분의 유전자를 받은 내가 그로부터 자유로워지기는 힘들다는 걱정이 앞섰다. 그런 와중에 하루는 회사 선배에게서 '합기도 무술'이라는 게 있는데 한 번 구경삼아 가보자는 제안을 받았다. 도장이 회사와도 가까이 있

74

어 가벼운 마음으로 따라나섰다.

도장에 들어서니 관장 한 분과 사범들이 몇 분 앉아 있었다. 눈빛과 기운이 만만찮았다. 마치 전쟁터에 나선 장수들처럼 모두가 몸이 건장하고 눈빛 또한 매서웠다. 그런 강렬한 첫 인상에 매료돼 곧바로 합기도에 등록을 했다.

그날부터 매일 회사 출근 전, 시간을 할애해 수련에 임했다. 불과 한 시간이지만 술기(術技)를 익히는 데 몰입하다 보면 몸뿐만 아니라 마음도 재생되는 것 같았다. 전날까지 내 머릿속에 머물러 있던 온갖 업무 스트레스며 걱정, 고민 등의 부정적 감정을 단번에 해소시킬 수 있었다.

그렇게 합기도가 주는 매력에 푹 빠져 몇 년이 훌쩍 지났다. 그리고 처음 나를 이곳으로 이끈 선배는 개인적 사정으로 관두게 되었지만 나는 묵묵히 계속 수련에 임했다. 10년이 흐르고 20년이 흐르면서 지금에 이르렀다. 한창 젊었던 20대에 합기도에 입문한 후 이제 갓 50을 넘긴 나이가 되었다. 그야말로 내 인생의 절반 가까이를 합기도에 바쳤다.

그런 노력이 있었기에 나는 여전히 건강을 잘 유지하고 있다.

반면 지난날을 회고해보면 중간중간에 수련을 포기하고 싶었던 순간들도 많이 있었다. 하지만 그런 위기의 순간마다 초심으로 돌아가, 내가 합기도를 하게 된 동기와 그를 통해 누렸던 신체적, 정신적 효과를 상기시키면서 수련을 계속 이어갔다.

나를 지도하는 스승님의 연세는 올해로 90세다. 그리고 나와 오랜 세월 같이 해온 술기 파트너인 병원 원장님은 칠순이 넘었다. 또 한 분이 있는데 그는 합기도 수련 기간이 채 10년에 불과하지만 그 누구보다 수련의 혜택을 많이 누렸다. 맨 처음 도장에 왔을 때만 해도 그의 몸은 만신창이나 다름없었다. 오랜 질병으로 몸이 성한 곳이 거의 없었고, 수련을 위해 서 있는 것조차 힘들어했다. 아침마다 도장에 오긴 했지만 몸 컨디션이 좋지 않아 매일 바닥에 누워 있다시피 했다. 그럼에도 불구하고 그는 하루도 거르지 않고 수련에 최선을 다했고, 건강도 서서히 회복할 수 있었다. 그렇게 10년 가까이 지나면서 그는 무척 건강해졌다. 지금은 예전에 앓고 있던 질병 대부분을 극복할 정도로 완전히 딴 사람이 되었다. 그런 그를 옆에서 쭉 지켜보면서 나는 운동의 장기적 누적 효과에 대해 새삼 깨닫게 된다. 한 종목의 운동을 정해 그것을 오랜 기간에 걸쳐 꾸준히 할 경우, 우리 신체는 물론 마음이 얻는 누적 효과는 상상 이상으로 커진다. 굳이 합기도가 아니더라도 할 수 있는 운동은 무척 다양하다. 물론 여기서 말하는 운동은 일회적이고 단기적인 운동이 아니라, 장기간에 걸쳐 꾸준히 하는 운동을 뜻한다.

아침 점심 저녁 운동시간을 따로 뺄 수 없다고 해서 크게 걱정할 필요 없다. 언제 어디서든 틈틈이 시간을 쪼개 운동을 꾸준히 하면 된다. 중요한 건 운동을 하겠다는 의지와 행동이다. 가령 회사 출퇴근을 자가용이나 대중교통이 아니라 도보로 대신할 수도 있고, 그마저도 시간이 나지 않는 사람은 사무실 안이나 집 안에서 매일 몸을 최대 한도로 움직이는 체조 등을 통해서 체내에 누적된 칼로리를 소비시킬 수도 있다. 핵심은 매일 일상 속에서 틈틈이 시간을 마련해 운동을 꾸준히 하는 것이다. 장기간의 꾸준한 운동을 통해 얻을 수 있는 신체적, 정신적 재생효과를 얕봐서는 결코 안 된다.

오랜 세월 운동을 해온 한 사람으로서 요즘 사람들을 보면 무척 우려스럽다. 현대인의 신체적, 정신적 건강문제가 날로 심각해지고 있는데, 여기에 스마트폰이 큰 역할을 하고 있는 상황이다. 시간 가는 줄 모르고 화면을 쳐다보고 있으면 이내 목이 뻐근해지고 눈이 침침해진다. 게다가 정신 또한 어딘가에 홀린 것 마냥 맑지 못하고 흥분상태에 머물러 있다. 심지어 길을 걷는 동안에도 시선을 화면에 고정시킨 채 걷는 모습이 마치 좀비 같다고 해서 '스마트폰'과 '좀비'라는 말을 합성해, '스몸비(Smombie)'라는 용어가 등장한 지도 꽤 되었다. 이로 인한 교통사고와 안전사고도 급격히 늘었다는 보도가 심심찮게 들려온다. 도대체 스마트폰이 뭐길래, 사람들이 자신의 건강은 물론 생명을 해치면서까지 그것에 집착하는지 도저히 이해하기 어렵다.

건강은 행복에 무척 중요한 요소다. 이것이 전제되지 않으면, 그 외의 많은 것들을 성취하더라도 행복을 장담할 수 없다. '건강'이라는 둑이 한 번 무너지면 인생이라는 저수지를 온전하게 유지시킬 수 없다. 그 어떤 성공도 건강을 대신할 순 없다.
스마트폰에 소진하고 있는 많은 시간 중 짧은 시간만이라도 할애해 운동에 투자해보라. 더도 말고 덜도 말고 한 종목의 운동을 정해 꾸준히 해보라. 의지와 행동력만 있으면 된다. 그에 따라 당신이 얻을 수 있는 혜택은 상상 이상이 될 것이다.

흠칫 흠칫

들이 마시고
내쉬고...

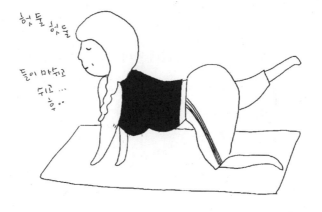

나이가 들수록 건강을 유지하기가 더더욱 어렵다. 이는 자연의 법칙이다. 하지만 운동을 꾸준하게 하는 이들은 그런 법칙에서 천천히 비껴갈 수 있다. 그들에게 나이는 숫자에 불과하다. 신체나이는 70대지만 생체나이는 얼마든지 20대에 머물 수 있다. 그 비결에 운동의 장기효과가 있다.

그 어떤 생명체도 건강을 도외시해선 온전히 존재하기 어렵다. 이것이 제대로 전제되어야만 그 외의 삶의 조건들도 유의미해진다. 하루 한 시간만 스마트폰을 멀리하고 운동에 매진해보라. 그를 통해 당신이 얻는 혜택은 이루 열거할 수 없이 많아진다. 이것이 스마트폰 중독을 극복하고 현대인이 온전한 행복을 누릴 수 있는 또 하나의 좋은 방법이다.

좋은 습관으로 나쁜 습관 밀어내기

◆ ◇ ◆

"반복의 힘은 위대하다. 이것이 곧 습관이고 습관들이 쌓이면 인생이 된다."

찰스 두히그가 쓴 《습관의 힘》에 나오는 글이다. 습관의 중요성을 강조하고 있다. 습관에도 좋은 것과 나쁜 것이 있다. 물론 현대인의 디지털 중독은 후자에 속한다. 여기서 우리가 명심해야 할 사실은 바로 행복은 좋은 습관 들이기와 밀접한 관련이 있다는 것이다.

행복과 직결되는 좋은 습관을 기르기 위해선, 평소 자신이 무심코 하고 있는 반복적인 작은 행동들을 눈여겨볼 필요가 있다. 특히나 자나 깨나 스마트폰을 끼고 있는 나쁜 습관에서 빠져나오기 위해선 그것을 대체할 수 있는 좋은 습관을 체득하기 위해 노력해야만 한다.

건강을 위해서 노력해볼 수 있는 것은, 건강에 도움이 되는 운동 습관과 좋은 식습관, 긍정적 사고 습관 가져보기 등을 예로 들 수 있다. 건강을 지키기 위해 나는 20여 년 동안 합기도 수련을 해왔다. 물론, 우리 몸에 좋은 습관만 체득되는 건 아니다. 인간의 불완전성을 고려하면 사람마다 한두 개쯤 나쁜 습관을 가질 수 있다. 스마트폰 중독, 흡연중독, 알코올중독, 도박중독, 부정적 사고습관 등과 같이 우리가 가질 수 있는 나쁜 습관은 이루 말할 수 없이 많다.

특히나 스마트폰 중독은 지금 현대인이 가장 시급하게 탈피해야 할 나쁜 습관에 해당된다. 그를 위해 개개인의 실질적인 노력이 요구된다. 행복의 조건 중의 하나가 좋은 습관 들이기라는 사실을 감안하면, 개개인이 부지불식간에 빠져드는 나쁜 습관을 멀리하기 위해 최선을 다해야만 한다.

내가 갖고 있는 좋은 습관은 운동 습관 외에 몇 가지가 더 있다. 독서 습관과 책쓰기 습관, 강한 목표의식, 열정적 태도 및 적극적인 행

동력 등을 예로 들 수 있다. 반면 당장에 끊어야 할 나쁜 습관은 '폭식(暴食)'과 '과식(過食)'이다. 원래 식탐이 크다 보니 잦은 폭식과 과식으로 인해 위가 탈이 나는 경우가 많았고, 만성위염을 달고 살았다. 속 편할 날이 잘 없었다.

이런 오랜 악습에서 벗어나기 위해 몇 달 전부터 내가 반복적으로 해온 습관이 있다. 일종의 맞불작전인데, 나쁜 식습관에 대응해 좋은 식습관을 들이기 위해 의식적으로 노력함으로써 종국에는 나쁜 식습관과 멀어지는 것이다. 구체적으로 살펴보면 다음과 같다.

일단 음식을 입에 넣으면 최소 백 번 이상 저작(咀嚼)하기 위해 의식적으로 노력하고 있다. 그 결과 소량의 음식을 먹어도 충분한 포만감을 느낄 수 있었고, 폭식과 과식의 횟수도 점차 줄어들었다.

둘째, 술에 취할 경우, 폭식과 과식은 최고조에 다다른다. 알코올이 이성적 제어능력을 마비시킨 탓이다. 그래서 과음 이후 위에 탈이 많이 났다. 이런 악순환을 끊기 위해 지금은 가능하면 지인들과의 저녁 술자리를 점심식사로 대체하고 있다.

셋째, 이것이 이번에 내가 나쁜 식습관에서 멀어질 수 있었던 결정적 요인이 아닌가 생각한다. 바로 내 생각과 감정에 끊임없이 경각심을 불러일으킴으로써 '나쁜 식습관을 왜 당장 끊어야만 하는가'에 대한 당위성을 찾은 것이다.

당장에 폭식과 과식 습관에서 벗어나지 못할 경우, 내게 일어날 수 있는 최악의 상황을 가정해본다. 폭식과 과식으로 인해 내 건강에 더 큰 문제가 발생할 경우, 내 가족에게 일어날 수 있는 최악의 상황을 가늠해본다. 갑작스런 경제활동의 중단으로 인해 가족생계가 위협을 받는 것은 물론, 가정 위기가 초래될지도 모를 일이다. 이런 최악의 상황을 예방하기 위해서 폭식과 과식이라는 오랜 악습을 끊는 데 주안점을 둬야 하는 것이다.

이렇게 지금 나는 세 가지 식사원칙을 따름으로써 나쁜 식습관을 극복하는 과정에 있다. 그렇게 생활한 지 이미 6개월째 접어들었다. 그 결과 식습관도 상당히 개선되었고, 체중도 6킬로그램 이상 감량되었다. 무엇보다 지금 내 위는 그 전보다 훨씬 더 편안해졌다.

이번에 그나마 내가 오랜 악습에서 멀어질 수 있었던 결정적

계기는 폭식과 과식이라는 행동에 주안점을 두기보다는 내 생각과 감정의 힘을 적극 활용했다는 것이다. 생각과 감정에 끊임없이 경각심을 불러일으킴으로써, 내가 왜 당장 악습에서 벗어나야만 하는가에 대한 분명한 이유를 찾았다.

"우리 세대의 가장 큰 혁명은 마음의 내적 태도를 바꿈으로써 삶의 외적 측면을 바꿀 수 있다는 사실의 발견이다."

미국의 사상가 윌리엄 제임스가 한 말이다.

마찬가지로, 지금 우리가 처해 있는 삶의 결과를 변화시키기 위해선, 우리 내면의 변화가 선행되어야만 한다. 현재라는 삶의 결과물은 이미 우리가 가졌던 과거의 생각과 감정의 결과물이다. 나쁜 습관도 마찬가지다. 우리가 그것을 내면적으로 허락했기 때문에, 오랜 세월에 걸쳐 우리 몸에 덕지덕지 붙게 된 것이다.

"운명은 그 사람의 성격에 의해서 만들어진다. 그리고 성격은 그 사람의 일상생활의 습관에서 만들어진다. 그렇기 때문에 오늘 하루 좋은 행동의 씨를 뿌려서 좋은 습관을 거두어들이도록 하지 않으면 안 된다. 좋은 습관으로 성격을 다스린다면 그때부터 운명은 새로운 문을 열 것이다."

영국의 극작가 토마스 데커의 이 말도 우리가 왜 좋은 습관을 기르기 위해 노력해야만 하는가에 대한 뚜렷한 이유를 환기시켜준다. 사소한 습관이 우리네 인생은 물론, 운명에도 적지 않은 영향을 미친다는 사실을 감안하면, 개개인이 좋은 습관을 들이기 위해 최선을 다해야만 한다.

스마트폰 사용을 도저히 줄이기 힘든가? 그렇다면 당신 내면의 생각과 감정의 힘을 적극 활용해보라. 거기에 끊임없이 경각심을 불러일으킴으로써, 당신이 왜 당장 폰 중독에서 벗어나야만 하는가에 대한 분명한 이유를 찾을 수 있을 것이다.

행복은 지금 당신이 무심코 하는 반복적인 나쁜 행동이 아닌, 반복적인 좋은 행동에서 비롯됨을 명심하라. 이것이 지금 당장 당신이 나쁜 디지털 습관에서 벗어나야만 하는 분명한 이유다.

독서
미학

◆　◇

　　우리는 왜 독서를 해야만 하는가? 이에 대해 사람들
마다 대답이 다 다를 것이다. 내가 독서를 하는 가장 큰 이유는
사고력을 키울 수 있기 때문이다. 그로써 나의 인생 목적어 중
의 하나인 지혜를 터득할 수 있다.

작가가 피나는 노력을 통해 펴낸 책에는 작가의 생각은 물론,
철학관과 인생관, 가치관 등이 집적돼 있다. 그렇기에 책을 읽
음으로써 우리는 새로운 사유(思惟)의 세계에 들어갈 수 있다.
이는 곧 나의 새로운 사유의 세계를 여는 토대가 된다. 그런 점
에서 보면 '책 = 생각'이라는 도식으로 나타낼 수 있겠다. 하지
만 독서를 하지 않고 늘 똑같은 생각에 갇혀 사는 이들은 갈수
록 생각이 좁아지고 굳어질 수밖에 없다. 이는 나와 다른 생각

을 배척하는 독선적 행동으로 이어진다. 특히나 스마트폰에 중독된 현대인은 하루 종일 비자발주의에 갇혀 지내다 보니 사고력 또한 크게 약화되었다.

흔히들 문제해결력을 중요하게 여긴다. 이 문제해결력 역시 사고력과 깊이 연관되는데, 스마트폰에 과다한 시간을 투자하면 사고력이 약화되면서 문제해결력도 약화될 수밖에 없다. 이런 우려에 동감을 표하는 이가 있다.

손가락과 눈동자에 의존하는 검색에 밀려 사색과 독서의 시간은 점차 줄고 있다. 한국 대학생이 책을 읽는 시간(하루 42분, 남자)은 인터넷을 이용하는 시간(127분)의 3분의 1 수준이다. 한국인 열 명 중 셋(33.2%)은 한 해에 한 권도 읽지 않는다고 한다. (…) 시대를 바꾸는 창의력은 폭넓은 교양과 깊이 있는 생각에서 나온다. 학교와 사회가 검색 대신 사색을, SNS보다 독서를 적극 권장하는 이유다.

중앙일보 윤석만 기자가 쓴 책 《휴마트 씽킹》에 나오는 내용이다.

이 글에서 지적하듯 스마트폰에 깊이 빠져든 현대인은 도무지 책을 읽지 않는다. 독서가 선사하는 사고력을 강화시키고 창의력을 개발할 기회를 놓치고 있다.

인간의 최대 무기인 사고력이 약화되면 경험의 폭도 좁아질 수밖에 없다. 반면 책을 읽으면 읽을수록 사고력이 강화되고 경험의 폭도 넓어진다. 사고력은 '이치에 맞게 생각하고 판단하는 힘'이다. 내 생각에만 고착되지 않고 나와 다른 생각도 포용할 때 생각의 융합이 이루어져, 이치에 맞게 판단하는 힘이 커진다.

이것이 우리가 책을 열심히 읽어야만 하는 이유다. 또한 책을 읽으면 부정적이던 사람이 긍정적으로 변한다. 그로써 더 없는 내면의 평화를 얻을 수 있고, 행복감 또한 커진다. 하지만 요즘 상황을 보면, 안타까움을 금할 수 없다. 스마트폰에 중독된 이들이 급증하면서 더더욱 책을 멀리하는 분위기가 조성되고 있기 때문이다. 고리타분하고 골치 아프게 책을 읽을 바에 스마트폰을 보면서 감각적인 재미와 단순한 즐거움에 안주하려는 이들이 부쩍 늘어났다. 특히나 우리나라는 정도가 심각하다.

이웃나라 일본과 비교해 보면, 일본 국민은 제아무리 스마트폰이 많이 보급되어도 이미 저변에 독서인구가 탄탄하게 형성돼 있어 책을 읽는 이들이 많다. 하지만 우리나라는 독서 인구 자체가 얕았던 데다 스마트폰이 보급되면서 그나마 책을 읽던 이들마저 삽시간에 줄어들고 말았다.

책은 우리가 가보지 못한 세계에 대한 이해와 통찰을 길러준다. 이로써 우리와 전혀 다른 환경에 있는 사람들의 처지와 상황을 더 잘 이해할 수 있다.

단적인 예로, 추운 나라에서만 살아온 이들은 더운 나라에 사는 이들의 처지와 상황을 제대로 이해하기 어렵다. 물론 반대의 경우도 마찬가지다. 하지만 추운 나라 사람들이 더운 나라 사람들의 생활상을 주제로 한 책을 읽을 경우, 굳이 그곳에 가지 않더라도 그들의 처지와 상황을 보다 더 잘 이해할 수 있는 배경지식을 얻게 된다. 독서를 통한 간접 경험이 그들의 생각과 경험의 폭을 넓혀주어 삶을 풍성하게 해준다.

책만큼 인간의 삶을 풍요롭고 행복하게 만드는 매개체도 없을 것이다. 만 원이 좀 넘는 금액을 투자함으로써 우리는 최소 그것의 수 십 배 혹은 수 백 배의 가치를 얻는다. 작가가 갖고 있는 모든 경험과 생각, 철학, 가치관을 접함으로써 책을 읽기 전의 나와 책을 읽은 후의 나는 전혀 딴 사람이 된다. 그만큼 책은 우리 인간에게 더할 나위 없는 훌륭한 교사가 된다.

인간이 갖는 그 어떤 경험도 그 자체만으로는 행복과 불행을 결정짓지는 못한다. 오히려 그것을 보면서 갖는 개개인의 생각과 감정이 행복과 불행을 결정짓는다. 이때 평소 책을 많이 읽고 사고력을 키워온 이들은 똑같은 상황에서도 사고력을 발휘해, 보다 더 다양한 생각의 스펙트럼을 쥐게 된다. 그로써 자신에게 유리한 생각을 발전시킬 수 있다. 이것이 그 자신의 행복에 크게 기여한다.

"사람은 죽을 때까지 배워야 한다"라는 말이 있다. 오늘 하루 발전하지 않으면 오늘 하루 만큼 퇴보한다. 위대한 인물들은 끊임없이 노력하고 적극적으로 도전하여 오늘날의 성공을 일구었다. 발전하려는 의지가 없고 현재 상황에 만족하는 사람은 도태될 수밖에 없다. 매일 매일 끊임없이 발전시켜라.

중국 작가 스샤오옌이 쓴《눈물이 나더라도 인생 앞에 무릎 꿇지 말라》에 나오는 내용이다.

이 글에 부합하는 삶을 살아가는 데 안성맞춤의 행동이 바로 독서다. 오늘 하루 내가 책을 읽고 한 발 앞서가지 않으면 내일이 되면 오히려 한 발 퇴보한다. 더 나은 사람이 될 수 없다. 이것이 지금 바로 당신이 폰 대신 책을 들어야만 하는 이유다.

군이 종이책에만 한정시키는 것은 아니다. 스마트폰이 현대인 생활의 기저를 형성하고 있는 이때, 종이책만 강조하는 것은 시대에 뒤떨어진 처사다. 공공도서관이나 전자도서관에서 전자책을 다운받아 읽는 방식도 권할 만하다.

핵심은 하루 온종일 스마트폰이 제공하는 현란한 화면에 꼼짝없이 잡혀 생각 없이 사는 것이 아니라 종이책이든 전자책이든 책을 읽고 사고력을 키우고자 하는 의지와 행동이다.

여기서 우리가 기억해야 할 또 한 가지 중요한 사실이 있다. 그것은 바로 인간의 뇌는 본래 자발주의력과 사고력을 키우는 걸 아주 좋아한다는 사실이다.

내 책 써 보기

◆ ◇

___

　마흔을 코 앞에 둔 시절, 아버지가 갑작스레 교통사고로 돌아가졌다. 주체할 수 없는 슬픔과 절망이 쓰나미와도 같이 나를 덮쳤다. 그후 3년 가까이 우울증과 불면증을 겪어야만 했다. 도저히 정상적인 생활을 할 수 없었다. 사는 것 자체가 고통이었고 무기력한 일상의 연속이었다.

그런 와중에 하루는 아내가 뜬금없이 한 권의 책을 화제로 삼았다. 당시 수십 개월 연속 베스트셀러 1위의 자리를 독차지하고 있었던 책인데, 사람들 사이에 많이 회자되고 있다고 말했다. 바로 론다 번의 《시크릿》이었다.

'도대체 저 책 내용이 어떻길래, 저렇게 오랜 기간 많은 이들의 사랑을 받고 있을까?'

막연한 호기심이 일었지만 그 길로 잊고 말았다. 그러던 어느 날, 그 책에 대한 소개 글을 우연히 신문에서 다시 접했다. 책을 쓴 저자도 아버지를 불시에 잃고선 크나큰 고통과 아픔으로 오랫동안 방황했다는 내용에서 동병상련(同病相憐)을 느꼈다. 곧바로 책을 구입했다. 하지만 당장 책을 읽을 엄두가 나지 않았다. 왜냐하면 그때까지만 해도 내게 독서는 무척 힘들고 성가신 것이라는 거부감이 훨씬 더 강렬했기 때문이다.

하루는 또 다시 불면의 밤을 지새우고 있는데 갑자기 그 책이 불현듯 떠올랐다. 혹시나 하는 마음에 책을 펼쳤고 삽시간에 책의 내용에 쭉 빨려 들어갔다. 책을 다 읽고 나니, 까맸던 밤이 하얗게 새 있었다. 불과 몇 시간 동안 전혀 새로운 세계를 다녀온 것만 같았다. 그런 집중의 시간을 통해 내가 겪고 있던 현실의 고통도 완전히 잊을 수 있었다.

그때부터 책은 내 삶의 동반자가 되었다. 책이 인도하는 세계는 현실 세계에서 맛 볼 수 없는 깊은 감동과 울림을 내게 안겨 주었다. 그렇게 나는 수 년 동안 나를 괴롭혀 왔던 불면증과 우울증에서 완전히 벗어날 수 있었다.

본격적으로 여러 분야의 책을 탐독하기 시작했다. 그렇게 미친 듯이 책을 읽다가 어느 순간, 갑자기 회의감이 생겼다.

'과연 책에서 말하는 모든 것들이 현실적으로 맞는 걸까?'

나름의 검증 작업을 시도해보기 시작했다. 그렇게 검증 과정을 거치면 거칠수록, 책과 세상이 한 치도 다르지 않다는 사실을 확실히 알 수 있었다. 그를 계기로 책에 더 의지하게 되었고, 더 열심히 책을 읽었다. 그런 가운데 언제부턴가 잠을 잘 때마다 똑같은 꿈이 반복해 나타났다.

'내가 무언가를 열심히 쓰고 있는 것이었다.'

처음엔 그것이 무슨 의미인지 도통 알 수 없었다. 그후 시간이 지남에 따라 그 꿈이 의미하는 바를 어렴풋이 깨달을 수 있었다. 바로 '책을 쓰라'는 의미였다. 하지만 책을 어떻게 써야 할지 전혀 알지 못했다. 한동안 그 욕구를 마음 속 깊이 간직하는 걸로 만족해야만 했다.

그런 중에 우연히 작가 한 명을 만나게 되었다. 그 자리에서 평소 내가 궁금하게 여겼던 책쓰기에 관해 상세하게 물었다. 그의 조언과 도움을 얻어 나는 본격적으로 책쓰기에 돌입했다.

틈만 나면 글을 쓰기 시작했다. 하지만 책을 쓰면 쓸수록 점점 더 깊은 미궁에 빠지는 느낌이었다. 견딜 수 없는 고통과 괴로움을 감내해야만 했다. 중간에 포기하고 싶은 순간도 무수히 많았지만, 그럴 때마다 이를 악물고 버텼다.

그렇게 7년의 시간이 흘렀고 감사하게도 내 이름으로 된 책 세 권을 무사히 출간할 수 있었다. 하지만 책쓰기는 여전히 내게 무척 힘들고 고통스러운 작업임에 틀림없다. 그런 나를 보면서 사람들은 의문을 가질 것이다.

"그렇게 고통스러우면 그만두면 되지 않나요? 세상에 즐겁고 재미있는 일이 얼마나 많은 데 굳이 그렇게 자신을 괴롭혀가면서 용을 쓰며 살아가야만 하나요?"

물론 인생을 마치 놀러온 것처럼 그저 편하고 재미있게 살다가 돌아갈 수도 있다. 하지만 그런 삶 속에서 우리는 어떤 가치와 의미를 찾을 수 있겠는가? 책쓰기는 무척 고통스러운 일임에 틀림없지만 그러한 책 출간을 통해서 맛보는 희열과 행복감은 세상의 그 어떤 걸로도 대체가 불가능하다.

우리네 인생, 세상은 어떻게든 흘러가게 돼 있다. 하지만 똑같은 10년이어도 자신이 원하는 것을 이루기 위해 몸부림친 10년과 그저 편하고 재미있게 보낸 10년은 천양지차다. "이래저래 한 평생 아니겠어?" 라는 말을 함부로 뱉어선 안 된다.

당신의 소중한 시간을 전자화면에만 쏟아 붓지 말라. 대신 당신 삶의 가치와 의미를 드높여줄 책쓰기에 집중해보라. 그것을 끊임없이 하겠다는 의지와 행동만 있으면 된다. 하지만 과욕은 절대 금물이다. 욕심을 부리다 저절로 나가떨어진 사람들이 작가 세계에선 너무나 많다. 책을 쓰고자 하는 이들이 꼭 명심해야 할 조언이 있다.

"결코 서두르지도 쉬지도 말라!"

대문호 괴테의 말이다. 책쓰기는 자기 자신과 벌이는 지난(至難)한 싸움이다. 그렇기에 책 출간을 통해 얻는 희열감과 행복감은 그 어디에도 비교할 수 없다. 책을 쓰고자 하는 이들에게 나는 다음과 같이 두 가지 조언을 하고 싶다.

첫째, 책쓰기를 마치 우리가 하루 세 끼 밥을 먹거나 공기를 들이마시듯, 자연스럽고 일상적인 행위로 삼으라는 것이다. 책쓰기가 생활습관으로 자리 잡히면, 책쓰기의 고통도 상대적으로 줄어들게 마련이다. 그리고 그것이 쌓이면, 어느 순간부터 희열과 행복감으로 전환된다.

둘째, 책을 단숨에 쓰겠다는 과욕은 금물이다. 대신 한 꼭지, 한 꼭지씩 반드시 나눠 쓰겠다는 가벼운 마음으로 시작하라. 그렇게 A4용지를 한 장씩 채워가다 보면 어느 순간 책 한 권의 분량이 쌓인다. 처음엔 조금씩 글을 채워나가겠다는 의지와 행동만 있으면 된다. 끊임없는 의지와 실천이 책 출간하는 내공으로 커지게 된다.

이 두 가지 사실을 명심하면 책쓰기가 한결 더 쉬워진다. 나의 경우, 본격적으로 독서를 한 지 12년, 책을 쓴 지 7년째 접어들었다. 그만큼 나는 지난 12년을 무척이나 밀도 있게 살아왔다고 자부할 수 있다.

불운하게도 아버지의 갑작스런 죽음이라는 매우 고통스러운 사건을 계기로 책을 읽고 책을 쓰게 되었지만, 지금 내 삶에 크게 만족하고 있다. 이렇게 내 삶을 변화시켜준 아버지께 항상 미안하고 고맙고 사랑하는 마음이 가득하다. 아울러 그동안 내 손을 거쳐 간 수많은 책들과 내 이름으로 출간한 몇 권의 책에게도 깊은 사의를 전한다.

나이와 상관없는 꿈 찾기

◆ ◇ ◆

　나는 항상 나이에 상관없이 꿈을 찾고 그것을 실현시키기 위해 적극 행동할 것을 강조한다. 왜냐하면 그것이 우리 인간이 보다 더 의미있게 행복해질 수 있는 훌륭한 방법이 되기 때문이다. 흔히 '꿈'이라고 하면 아이들이나 청소년들만 갖는 것으로 치부하기 십상이다. 절대 그렇지 않다! 꿈은 나이에 상관없이 누구나 가질 수 있으며, 오히려 나이가 들수록 더더욱 꿈을 찾아내 행동하는 게 중요하다.

간절하게 이루고자 하는 꿈을 찾아내고 그것을 이루기 위해 최선을 다할 때, 밋밋한 인생을 가슴 벅차게 살아갈 수 있다. 꿈을 향해 전진하는 이들의 심장은 항상 뜨겁다. 하지만 스마트 혁명 시대를 살아가는 현대인들은 전자화면에 대한 집착만큼 자신의 꿈을 찾고 그것을 이루기 위한 행동의 중요성을 제대로 인식 못하고 있다. 그런 그들이 원하는 꿈을 찾아내, 열정과 노력을 다하기를 기대하기란 무척 힘든 노릇이다. 그로써 그들 삶도 무의미해지고 밋밋해질 수밖에 없다.

인간은 목표한 바를 향해 적극적으로 행동할 때 행복해지는 존재다. 그렇기에 우리는 항상 심장을 뜨겁게 달구는 목표를 갖고 그것을 향해 움직여야 한다. 그를 위해서도 안성맞춤의 모습이 꿈을 찾아내고 행동하는 것이다.

꿈을 이루기 위해 열정과 최선을 다하는 이들이 갖는 장점이 몇 가지 더 있다. 무엇보다도 그들은 삶의 무료함을 느낄 틈이 없다. 걱정, 고민, 불안, 우울 등의 부정적 감정과도 멀다. 대신 자신의 꿈을 실현시키는데 도움이 되는 희망, 열정, 의지, 자기확신 등과 같은 긍정적 자질로 자기 내면을 꽉 채운다. 꿈이라는 명확한 목표가 있는 이들은 삶의 방향성도 분명하다. 그들은 어떤 고난과 역경이 닥쳐도 절대 방황하지 않는다.

솔직히 나도 7년 전, 작가라는 꿈을 설정한 이후, '책을 보다 더 잘 쓰기 위해선 어떻게 해야만 할까?'라는 생각이 단 1초도

머릿속을 떠난 적이 없다. 그리고 끊임없는 습작을 통해 책쓰기에 매진했다. 틈만 나면 책을 쓰는 내 모습이 발단이 돼 아내와 다툰 적도 많았다. 그럼에도 불구하고 나는 '작가'라는 꿈을 이루기 위해 한시도 멈추지 않았다. '포기가 없으면 실패는 없는 법!' 그렇게 나는 끊임없이 노력했고, 마침내 책 몇 권을 출간할 수 있었다.

상상해보라!

당신이 지금까지 살아온 모습 그대로 앞으로 10년을 똑같이 살아갈 경우, 10년 후 당신은 지난 10년에 대해 '후회 없이 잘 살아왔다!'고 자신할 수 있겠는가? 그리고 그 삶이 가치 있고, 의미 있다고 당당히 밝힐 수 있겠는가? 당신의 솔직한 대답이 궁금하다.

이에 대한 확답이 나오기 위해선 지금 당장이라도 자신의 내면 깊이 잠재된 꿈을 이끌어내 그것을 향해 심장을 던질 수 있어야만 한다. 소설가 **무라카미 하루키**는 이런 말을 했다.

"**나이를 먹는 것 자체는 그다지 겁나지 않았다. 나이를 먹는 것은 내 책임이 아니다. 내가 두려웠던 것은 어떤 한 시기에 달성되어야 할 것이 달성되지 못한 채 그 시기가 지나가 버리고 마는 것이다. 그**

것은 어쩔 수 없는 일이 아니다. 나는 정말 알알하게 내 온몸으로 느낄 수 있는 생의 시간을 자신의 손으로 쥐고 싶다."

삶의 매 순간순간마다 우리가 이루어야 할 꿈들이 포진해 있다. 그것을 외면해서는 안 된다. 그것을 적극 발굴해 현실화시켜야만 한다. 왜냐하면 그것이 내 인생이라는 한정된 시간 동안 내 온몸으로 알알이 부딪쳐 나 자신이 보다 더 행복해질 수 있는 방법이 되기 때문이다.

기나긴 인생을 살아오면서, 단 한번이라도 자신이 원했던 꿈을 이루기 위해 심장을 던진 적이 있는가? 그런 적이 있었느냐 없었느냐에 따라 개개인의 삶의 가치와 의미도 크게 달라진다. 설령 그 꿈을 이루지 못했더라도 자신이 이루고 싶은 꿈을 향해 최선을 다했다는 사실만으로도 그는 그런 대로 괜찮은 삶을 살아왔다고 평가할 수 있다. 게다가 그는 또 다른 꿈을 이루기 위해 더 많은 시도를 했을 소지가 크다. 꿈을 이루기 위해 단 한번이라도 최선을 다해본 적이 있는 이들은 한시도 멈추는 법이 없기 때문이다.

나이를 먹는 것은 사소한 일이다. 나이를 먹더라도 꿈을 찾아내고, 그것을 이루기 위해 행동하는 게 훨씬 더 중요하다. 꿈을 실현시키기 위해 열정과 노력을 다하는 이들의 삶의 온도는 항상 뜨겁다. 꿈을 실현하기 위해 행동하는 것이 인간에게 얼마나 중요한가를 깨닫게 하는 일화를 소개하면서 이번 꼭지는 마칠까 한다.

리즈 머리!

뉴욕 브롱크스 빈민가에서 태어난 그녀는 부모 모두 마약 중독자인 데다, 지독한 가난 속에서 허우적대며 살아왔다. 극도의 열악한 조건 속에 침잠해 있던 그녀의 인생은 그야말로 절망적이었다. 그럼에도 불구하고 그녀는 단 한번도 자신의 삶을 폄하하거나 포기하지 않았다. 사는 것은 절망과 좌절에 가까웠지만 그녀는 단 한번도 그 단어들을 택하지 않았다. 그 대신 자기 내면 깊이 잠재해 있는 꿈을 찾기 위해 노력했고 드디어 찾았다. 바로 '하버드대학 입학' 이었다. 그것을 이루기 위해 자신이 가진 모든 것을 내던졌기에, 마침내 이룰 수 있었다.

그녀의 자서전《길 위에서 하버드까지》에 나오는 내용이다.

"언제나 그래왔던 것처럼, 내 삶은 어떤 일이 닥치건 발을 앞으로 내딛어 전진하려는 나의 의지에 결정되리라" 라는 책 속의 한 문장을 통해 그녀가 자신의 인생을 어떻게 바라보며 살아왔는가를 잘 알 수 있다.

전자화면에 취해 초점 없는 눈빛으로 함부로 시간을 소진시키는 현대인들이 가장 시급하게 해야 할 일이 무언가를 일깨우고 있다. 그것은 바로 내면 깊숙이 숨어 있는 꿈을 찾아내, 그것을 이루기 위해 최선을 다하는 것이다.

혼자 있는 시간도 잘 즐기기

◆　◇　◆

초등학생 시절만 해도 나는 친구들과 어울려 노는 걸 무척 좋아했다. 천방지축 하루 종일 밖에서 뛰어놀다 보면 하루해가 금세 지나갈 정도로 노는 재미에 푹 빠졌다.

하지만 중학생이 되면서 많이 변했다. 또래들과 밖에서 어울려 놀기 보다는 집 안에 틀어박혀 혼자 지내는 시간이 많아졌다. 그때부터 외부로 향해 있던 관심사도 나의 내면과 나의 주변으로 향했다. 당시 한창 어려웠던 가정형편과 하루도 끊이질 않았던 부모님의 불화를 지켜보며 나는 점점 더 고립되어 갔다.

'우리 집은 왜 이렇게 가난하게 살 수밖에 없는 거야?'

'왜 부모님은 허구한 날 다투기만 하는 걸까?'

'앞으로 내 미래는 어떻게 될까?'

이런 질문들이 시시때때로 나를 괴롭혔다. 하지만 그에 대해 어떤 해답도 내릴 수 없었던 나 자신에게 크게 실망했다. 당장에 뛰어넘을 수 없는 높은 현실의 벽에 스스로 갇힘으로써, 외부로 향해 있던 마음의 문도 굳게 닫히고 말았다. 일종의 현실도피였고 현실부정이었다.

그런 어린 시절의 성격은 성인이 돼서도 크게 달라지지 않았다. 특히나 인간관계는 늘 어려운 과제였고 넘을 수 없는 장벽처럼 다가왔다. 이런 성격을 고려하면 주로 혼자서 일하는 직업인 연구원이나 화가, 작가 쪽을 택하는 게 맞았다. 하지만 아이러니하게도 내가 택한 직업은 영업이다. 평소 낯선 이들을 많이 만나야 하는 중압감은 나의 일상적인 스트레스가 되었다. 그래도 어쩔 수 없었다. 성인이 돼서도 우리 집 경제사정은 크게 달라지지 않았고, 부모님의 갈등도 여전히 계속 되었기 때문이다. 그런 처지에 하루라도 빨리 자립을 모색하는 게 나로선 최선의 방책이었다. 그것이 내 삶의 희망이었고 돌파구였던 것이다.

요즘도 낯선 이를 만나면 나도 모르게 긴장모드에 들곤 한다.

물론 20년이 훨씬 넘는 영업 경험 덕택에 이 역시도 상당히 줄어들긴 했지만 엄연한 한계가 있었다. 사람의 근본 기질이라는 게 그리.쉽게 변하는 요소가 아니기 때문이다.

내향성은 영업을 하는 데 있어 특히 더 큰 걸림돌로 작용했다. 영업활동이 가장 왕성했던 30대 시절만 해도 외향적으로 보이기 위해 많이 꾸몄다. 고객과 대화중에 의식적으로 큰 소리로 말하거나 과장된 제스처를 취하는 등 부단히 노력했다.
지금은 전혀 그렇지 않다. 나이가 들고 철이 듦에 따라, 그것이 인생에서 그리 중요한 요소가 아니라는 사실을 뒤늦게 깨닫게 된 것이다. 게다가 내향성도 외향성 못지않게 장점으로 작용하는 경우가 얼마든지 많고, 내향성 외향성 두 가지를 놓고 어느쪽이 더 낫고 어느 쪽이 더 못하다고 단정 지을 수 없기 때문이다. 오히려 있는 그대로 자기 자신을 드러내는 게 최선의 방책임을 깨달았다.

물론 지금도 인간관계가 다소 부담스럽고 낯선 이들을 만나면 약간의 낯가림을 하지만, 나는 과거 어느 때보다 지금의 내 성격을 가장 잘 받아들이고 있다. 게다가 내 성격 특유의 장점을 살려, 나만의 강점으로 만드는 데 최선을 다하고 있다.

어쩌면 내가 이렇게 글을 쓰게 된 이유도 내향성이 한몫했다고 볼 수 있다. 글을 쓰는 이들에게 있어 감수성은 무엇보다도 중요하다. 그리고 이 역시도 외향적인 이들보다 내향적인 이들에게 보다 더 유리하게 작용하는 것 아닐까?

혼자 있으면 어김없이 글을 긁적대는 내 모습이 지금 내 삶의 가장 큰 즐거움이자 행복이 되었다. 그렇게 나는 혼자 있는 시간을 자기 발전의 기회로 적극 삼아가고 있다. 내게 있어 혼자 있는 시간은 책쓰기를 통해 보다 더 내공 깊은 작가로 거듭날 수 있는 훌륭한 기회가 되는 것이다.

몇 년 전, 사이토 다카시 교수의 책 《혼자 있는 시간의 힘》이 대중으로부터 폭넓은 사랑을 받았다. 그 이유가 무엇일까? 그것은 바로 현대인이 외부와 동떨어져 홀로 존재하고 싶은 욕구가 강렬함에도 불구하고, 그동안 그렇게 살아오지 못했기 때문에, 그 답을 책에서 찾고자 했던 건 아닐까?

지금까지 우리는 세상이 강조해온 외향성을 은연중에 강요당하며 살아왔다. 그럼에도 불구하고 그에 대해 제대로 항변하지

못했다. 왜냐하면 세상이, 사회가, 강조해온 방식을 우리 스스로도 절대시했던 건 아닐까? 그리고 그것이 곧 자신의 행복과 직결된다는 편견에서 자유롭지 못했던 건 아닐까?

하지만 이는 진실이 아니다. 무엇보다도 행복은 우리 내면에서 비롯되기 때문이다.

내면이 행복해지는 능력, 이른바 '행복역량'이 약한 이들은 시시때때로 불안감과 불행감에 시달린다. 그럴 경우 행복이라는 꽃이 내면에 피기 어려워진다. 하지만 실망하기엔 아직 이르다. 왜냐하면 나이가 들수록 으레 사람은 자신의 외부보다는 내면에 더 큰 관심을 기울이기 마련이기 때문이다. 젊은 시절 외향성에 집착했듯이, 나이가 들수록 내향성에 더 집착하는 게 우리 인간의 자연스런 회귀욕구로 볼 수 있다.

나이가 들수록 더 큰 행복감을 느끼며 살아야 하지 않겠는가? 살아가는 것도 일종의 기술이고 훈련으로 본다면, 그동안 살아온 햇수만큼 그 기술도 더 능숙해져야만 하지 않을까?

하지만 현실은 그렇지 못하다. 살아갈수록 행복보다는 불행을 절감하는 이들이 훨씬 더 많다.

'행복을 그토록 원하지만 행복에서 점점 더 멀어지고 있는 현

대인!'

이런 자가당착에서 벗어나기 위해선 무엇보다도 자기 내면에 더 큰 관심을 기울이고, 스스로의 행복역량의 강화에 힘써야만 할 것이다. 하지만 여기에 큰 걸림돌로 작용하는 게 있다. 바로 **스마트폰 중독**이다. 그로 인해 현대인들은 더더욱 자기 내면을 돌아볼 틈이 없다. 아주 큰 문제가 아닐 수 없다.

창이 아닌
거울을
보는 연습

◆ ◇ ◆

　　"거울은 최고의 친구다. 내가 울 때 웃는 법이 없다."
찰리 채플린이 한 말이다. 행복을 중요시하는 이들이라면 이
말을 꼭 명심해야 할 것이다.

거울은 늘 우리 내면을 비춘다. 우리의 생각과 감정이 어떤지,
그것을 돌보고 개선시키기 위해 어떻게 살아가야 하는지를 알
기 위해선, 늘 우리 내면을 비추고 있는 거울을 제대로 살펴야
한다.

창과 거울이 반영하는 세계는 정반대다. 창은 늘 외부로 향해
있지만, 거울은 늘 내면으로 향해 있다. 창이 현상에 집착하는
이들이 관심을 갖는 대상이라면, 거울은 본질에 집중하는 이들
이 관심을 갖는 대상이다. 그런 시각에서 보면, 창에 집착하는

이들은 인생의 방관자로, 거울에 집중하는 이들은 인생의 주인
으로 볼 수 있다.

  두 사람이 동시에 창밖을 내다보고 있었다. 하지만 그들의
반응은 너무나 달랐다.
"에이, 더러워!"
첫 번째 사람이 외쳤다.
"아니, 어떻게 저렇게 아름다울 수가 있지!"
두 번째 사람이 외쳤다. 그러자 옆에서 그 둘을 유심히 지
켜보고 있던 또 다른 사람이 궁금해 물었다. 먼저 첫 번째
사람에게 물었다.
"당신은 대체 무얼 봤기에 그렇게 더럽다고 말했습니까?"
그가 답했다.
"비가 온 뒤, 땅이 너무 질척대는 모습을 보며 그렇게 외쳤
다오!"
두 번째 사람에게도 물었다.
"그렇다면 당신은 무얼 보았기에 그렇게 아름답다고 외쳤
습니까?"
그가 답했다.

"비가 갠 뒤 모처럼 하늘이 몹시 맑고 파래서 그런 말을 했
다오!"

이와 같이 두 사람 모두 똑같은 창문을 통해 똑같이 밖을 내다
봤음에도 불구하고 서로의 반응은 전혀 달랐다. 이에 대해서
이렇게 설명할 수 있지 않을까?

먼저 첫 번째 사람은 그동안 외부세계에 대한 관심만을 키우며
창에 고착돼 살아왔기에 자신의 행복을 창출하는 비결을 제대
로 깨우치지 못했다. 반면 두 번째 사람은 평소 자신의 행복을
중요시하면서 스스로의 행복에 도움이 되는 삶의 요소들을 적
극 찾는데 힘썼다. 외부 현상에 급급하게 반응하며 살기보다는
자기 내면의 힘을 동원해, 보다 더 행복해지는 방법을 터득한
것이다.

행복은 창이 아닌 거울에 집중할 때 우리 삶에 찾아온다. 그럼
에도 불구하고 많은 현대인이 그와 반대로 살아가고 있다.
외향성을 내향성보다 우위에 두면서 타인의 눈치를 불필요하
게 살핀다. 집단에 대한 소속감에 과도하게 집착하다 보니, 인
독을 품은 이들의 표적이 되기도 한다. 항상 자기 자신의 내면

114

보다 외부를 더 중요시하기에, 자기 사랑이 아닌 자기 홀대에 더 익숙해져버리고 만다. 이로써 스스로의 불행을 재촉한다.

이런 모습이 현대인의 자화상이 돼 버렸다. 행복이 아닌 불행을 감수하며 살아가는 이들이 많아지고 있는 이유다.

행복을 원하는가? 그렇다면 '스마트폰'이라는 창이 촉발하는 외부에 대한 관심부터 대폭 줄여라. 대신 자기 내면의 거울을 자주 들여다보라. 창은 외부에 대한 집착을 불러오지만, 거울은 내면에 대한 집중을 불러온다. 우리가 바라는 행복은 바로 후자의 태도에서 나온다.

자기 자기
기 홀
사 대
랑 말
고

◆ ◇

———

"아이가 태어나서 다섯 살이 되는 동안 부모한테 도대체 몇 번이나 야단을 맞는지 짐작해본 적 있는가? 잠시 숨을 죽이고 한번 생각해보자. 자, 몇 번이나 될 것 같은가?

어느 심리학자가 밝혀낸 바에 따르면, 한 아이가 듣는 질책은 그 나이까지 따져보아도 최소한 4만 번이나 된다고 한다. 이 통계의 의미를 다른 각도에서 살펴보자. 다섯 살까지 야단을 4만 번 맞는다는 건 한 달 평균 666번, 하루에 22번씩이나 싫은 소리를 듣는다는 뜻이다."

독일의 심리치료사 롤프 메르클레가 쓴 《자기 사랑의 심리학》에 나오는 내용이다.

우리는 어떤가? 우리도 어린 시절부터 부모로부터 칭찬과 응원보다는 질책과 야단 등과 같이 기죽이는 소리를 더 많이 들어왔다. 그리고 그것에 적응하면서 살아왔다. 그런 이유 때문일까? 성인이 된 후에도 우리 내면에 있는 면박꾼의 목소리는 줄어들지 않는다. 오히려 갈수록 커지면서 우리의 생각과 감정, 행동에까지 적지 않은 악영향을 미치고 있다.

인생을 후회와 회한 없이 행복하게 살아가기 위해선, 무엇보다도 우리 내면에 자리 잡고 있는 면박꾼을 응원군으로 전환시켜야만 한다. 면박꾼이 굳게 자리 잡고 있는 한, 그것의 지적질을 피할 길이 없다. 그로써 행복도 요원해지고 만다.

얼마 전부터 서점가에는 '자존감(自尊感)'을 주제로 한 책들이 눈에 띄게 많이 출간되기 시작했다. '자존감'을 사전에서 찾아보면 '스스로를 존중하고 사랑하는 마음'이라고 나온다. 한 마디로 '자기 사랑'이다. 그동안 우리는 있는 그대로의 나를 존중하고 사랑하는 법을 제대로 배우지 못했다. 오히려 내면의 비난과 비판을 당연시하면서 부정적인 감정을 잔뜩 쌓아왔다.

"나는 진정으로 나를 사랑하는가?"

스스로에게 반문해보라.

자기 사랑이 충만할 때 외부 고통이나 역경이 찾아와도 능히 극복할 수 있는 대항력이 생긴다. 양동이에 물이 차면 자연스럽게 밖으로 흘러넘치듯, 자기사랑도 마찬가지다. 우리 내면의 항아리가 사랑으로 가득차면, 그것이 자연스럽게 밖으로 흘러나와, 외부의 부정적 상황까지 희석시킬 수 있다. 그와 달리, 우리 내면의 항아리가 면박꾼의 목소리로 가득 채워지면, 우리 인생도 그것에 잠식돼 끊임없는 불행감을 맛보게 된다.

"지금보다 당신이 대화를 나눠야 할 사람은 당신입니다.
당신의 냉정한 평가가 필요한 사람은 당신입니다.
그리고 당신이 사랑해야 할 가장 소중한 사람은 바로 당신
입니다."

존 맥스웰의 책 《어떻게 배울 것인가》에 나오는 문장이다. 한마디로 자기 사랑을 우선적으로 구현할 것을 강조하고 있다.
보통 '자기 사랑'이라고 하면, 많은 이들이 자신에 대한 집착적인 사랑을 뜻하는 '자기 애착'과 혼동한다. 하지만 이 둘은 전혀 다르다. 전자는 내면에 충만과 자족을 불러오지만, 후자는 내면에 시기와 질투만 잔뜩 쌓아놓는다.

솔직히 나도 책을 본격적으로 읽기 전까진 자기 사랑이 태부족했고 자신감도 없었다. 그로 인한 문제가 적지 않았다. 늘 세상과 타인 앞에 나를 당당하게 내세우지 못했다. 혹시라도 타인과 의견이 엇갈리면 내 의견을 먼저 굽히기 일쑤였고, 그들의 생각에 쉽게 동조하고 말았다. 그야말로 타인에 의해 끌려가는 삶을 살아왔다고 해도 과언이 아니다. 하지만 그후 책을 본격적으로 읽으면서 내면에 변화가 찾아왔다. 텅 비어 있던 그곳에 무언가 가치 있고 의미 있는 것들이 들어서기 시작했다.

책을 읽은 지 올해로 10년이 훌쩍 넘었다. 어언 내 나이도 오십이 좀 지났지만, 내 인생의 최근 10년은 그 이전의 40년과 비교해보면 훨씬 더 많은 변화와 발전, 성장을 거듭했다고 자부할수 있다. 이 모두가 독서에 의한 자기 사랑이 충만해졌기 때문에 가능한 일이다.

자기 사랑이 뒷받침되지 않는 외양적 성공은 한낱 모래성에 불과하다. 언제라도 더 큰 고난이나 역경이 닥치면 쉽게 무너지고 만다. 혹시라도 당신의 오늘 하루가 당신 내면이 아닌, 외부로만 향해 있었다면 그 하루는 전적으로 당신만을 위한 것이라고 말하기 어렵다. 왜냐하면 그 하루 동안 당신 스스로를 제대로 사랑하지 않았기에, 자기 사랑을 구현하는 기회를 놓친 거나 다름없기 때문이다.

장옌의 책《어른의 공식》을 보면, 우리가 왜 자기 사랑을 키워야만 하는가에 대한 분명한 이유를 찾을 수 있다.

> 오늘날 주관이 없는 사람이 너무 많다. 그들은 다른 사람의 의견이나 생각에 따르길 좋아하고 그렇게 행동한다. 이런 사람은 마음에 걸리는 것이 있는 까닭에 너무 많은 것들을 추구할 수 없다. 이것이 바로 무능력한 사람이 많은 이유이다. 그들은 갖가지 욕망과 유혹과 허상에 미혹되어 생명이 마땅히 지녀야 할 가치를 잃어버린다. 그러나 스스로를 중심으로 삼는 사람은 모든 일에 주관을 갖고, 자신만의 생각과 추구하는 바가 있으며 다른 이의 속박을 받지 않는다. 그들은 대부분 무언가를 이뤄낸다. 남보다 좀 더 멀리 볼 줄 알고 자신이 무엇을 바라는지 알기 때문이다.

이 글에서 '스스로를 중심으로 삼는 사람'이 바로 자기 사랑이 충만한 이들로 볼 수 있다. 자기 사랑이 우리 내면에 가득 찰 때, 행복이 따라온다. 이것이 바로 하루 온종일 전자화면의 유혹을 뿌리치지 못한 채 끌려가고 있는 현대인들이 행복을 위해 꼭 명심해야 할 소중한 행동지침이다.

롤프 메르클레의 책을 보면, 자기 사랑을 키울 수 있는 열한 가지 방법이 언급된다. 평소 자기 사랑이 많이 부족하다고 느끼는 이들이 적극적으로 참고한다면 큰 도움이 될 것이다. 내용은 다음과 같다.

첫째, 자기 자신에게 "난 네가 좋아"라고 말하기. 거울을 들여다보면서 큰 소리로 자기 자신을 좋아한다고 외쳐라.

둘째, 부정적인 자기 모습과 화해하기.

셋째, 자기 자신에게 연애편지 쓰기.

"넌 아주 멋진 사람이야! 네가 행복할 수 있다면 난 못할 게 없어!"

넷째, 날마다 긍정적인 생각하기.

"나는 이렇게 나 자신을 사랑한다."

"오늘의 내 모습 그대로, 나는 내가 좋다."

다섯 째, 누구에게나 긍정적인 면 발견하기. 누구를 만나든, 누구와 이야기하든 반드시 그 사람의 장점을 찾아내 보자.

여섯 째, 조금만 나아져도 많이 칭찬해주기. 자신에게 "참 잘

했다"라고 말해주어라.

일곱 째, 칭찬을 흔쾌히 받아들이기. 남에게 칭찬을 받았을 때 감사하다는 말로 응대하는 데 익숙해져라.

여덟 째, 플러스 점수 수첩 마련하기. 남들이 당신에게 해준 친절하고 아름다운 말을 모두 기록해보라.

아홉 째, 자신에게 마음 편하게 살 권리를 인정해주기.

"나는 마음 편하게 살 자격이 있는 사람이다."

이 한 마디를 외며 하루를 시작하라.

열 번째, 자신의 장점을 분명히 깨닫기. 자신의 장점과 강점을 하나하나 기록해보라.

열한 번째, "나는 할 수 있다"형 사고에 익숙해지기.

"나는 할 수 있다!"

"한번 해보는 거야!"

성숙 성공보다

◆ ◇

　　성공과 성숙!

여기서 '성공'은 '물질적 성공'을 의미하고, '성숙'은 '정신적 성숙'을 의미한다. 그렇다면 지금의 스마트 세상은 이 둘 중 어느 쪽을 강조하고 있을까?

일단 그것이 중요하게 여기는 생산성이나 효율성의 관점에서 보면, 바로 전자의 '성공'이 아닐까? 어차피 성숙은 인간 개인의 문제이고 디지털이 중시하는 생산성이나 효율성과는 상관이 없기 때문이다. 그런 시대의 흐름에 따라 요즘 사람들의 생각도 더 없이 이해타산적이 되어가고 있다.

디지털 기기들이 제공하는 최첨단 기술이 부리는 조화에 흠뻑

취해 살다 보면, 자칫 성숙을 불필요하게 여기기 십상이다. 하지만 행복은 정신적 성숙과 같은 자기완성 과정에서도 맛볼 수 있는 것이기에 이를 소홀히 해서는 안 된다.

디지털 지상주의가 사회 전반적으로 퍼지면서 자기 자신의 행복마저도 디지털 기기가 대신 해결해줄 거라고 착각하고 있는 이들이 많아졌다. 그런 탓에 물질과 기술을 최고의 가치로 여기는 삭막한 현실을 목도하게 된다.

디지털의 가장 큰 문제점은 탈(脫)인간적이라는 사실이다. 인간의 편의와 편리를 위해 개발된 기기들이기는 하지만, 오히려 인간이 인간답게 살아가는 모습인 휴머니즘을 전혀 고려치 않고 있다. 효율성과 생산성만을 강조하는 디지털의 한계를 드러내고 있는 대목이다.

인간은 기기가 아니기에 결코 효율성과 생산성의 잣대를 들이대서는 안 된다. 그런 점에서 보면 인간은 디지털보다는 아날로그에 더 가까운 존재임에 틀림없다. 성공이 인간의 행복을 뒷받침하지 못하고 있는 결정적 이유다.

성공을 향해 맹목적으로 내달리는 데 의미를 둘 뿐, 자신의 성숙은 안중에도 없는 현대인을 보고 있노라면, 마치 불행이라는 불길을 향해 뛰어드는 부나비처럼 느껴질 때가 많다. 그렇다면 디지털이 강조하는 성공과 인간이 중요시해야 할 성숙과는 어떤 차이점이 있을까?

아래의 표를 보면 두 단어의 차이를 다섯 가지 측면에서 비교하고 있다. 먼저, 성공은 부와 명예, 높은 지위 추구 등과 같이, 당장에 '외면적으로' 드러내고 싶은 마음에서 비롯된다. 반면 성숙은 인격, 긍정, 배려, 사랑 등과 같이, 그 자체가 '내면적으로' 빛나는 특징을 보인다.

성공과 성숙의 비교

	성 공	**성 숙**
특징	외면적	내면적
원인	욕심	욕구
지속성	휘발성 (일시적)	장기적 (누적적)
파급효과	협소	광범위
양질측면	양적	질적

둘째, 원인을 보면, 성공은 인간의 욕심에서 비롯되지만, 성숙은 인간의 욕구에 기인한다. 욕심과 욕구! 두 단어의 가장 큰 차이점은 욕심과 달리, 욕구는 우리 내면에 자리 잡은 순수한 바람을 뜻한다.

셋째, 지속성 여부를 보면, 성공은 하나의 성공이 달성되면, 효과가 곧바로 사라지는 '휘발성'을 띄기에 '일시적'이다. 그래서 어떤 성공이 실현되면 또 다른 성공에 눈을 돌리는 게 평균적인 인간의 모습이다. 하지만 성숙은 '장기간'에 걸쳐 효과가 가시화되며, 우리 내면 깊이 '누적적으로' 축적된다는 차이점을 보인다.

넷째, 파급효과 측면에서 보면, 성공은 그 영향이 당사자에게만 국한될 정도로 협소하지만, 성숙은 그 영향이 본인은 물론, 주변 사람에게도 영향을 미칠 만큼 광범위해진다.

다섯 째, 양질(良質) 측면에서 보면, 성공은 시간이 흐를수록, '더' '더' 하는 인간 욕심의 부풀림 현상에 의해 발생되기에 다분히 '양적'이다. 하지만 성숙은 그 자체가 인간의 내면상태를 결정짓기에 '질적'이다.

이렇게 성공과 성숙을 다섯 가지 측면에서 비교해 봤다. 과연

이 둘 중 어느 쪽이 우리의 행복을 든든하게 뒷받침할까? 당연히 '성숙'이다!

공병호 박사의 《인생강독》을 보면 이런 내용이 나온다.

역경의 순간이 왔을 때 빛을 발하는 것이 바로 그러한 '내적 충실함'이다. 제대로 살아온 것처럼 보일지 모르지만 역경에 대처하는 능력을 보면 그들의 차이가 확연히 드러난다. 내적 충실함을 쌓아온 사람들은 그렇지 않은 사람들에 비해 힘겨운 시간을 상대적으로 잘 이겨낸다는 뜻이다.

이 글에서 말하는 '내적 충실함' 역시도 성숙과 깊이 연관되는 표현이다.

진정한 행복을 꿈꾸는가?

그렇다면 먼저, 지금 시대가 강조하는 성공논리에서 벗어나라. 대신 자신의 정신적 성숙을 더 중요하게 여겨라. 그런 면에서 보면 우리네 인생은 기술보다는 예술에 가깝다. 속물적인 성공이 아닌 예술적인 성숙을 향해 끊임없이 노력을 꾀하는 이들이 진정한 행복을 누릴 자격을 갖는다.

성공과 성숙! 당신은 지금 어느 쪽을 향해 살아가고 있는가?

003

스마트하게
생각하고
소소하게
실천하기

요즘 시대에
가족의 의미

◆ ◇

2016년 통계청에서 발표한 '청소년 통계'에 따르면, 청소년의 대략 30%가 스마트폰 중독으로 분류되고 있다. 10명 중 3명이라고 하니 정말 심각한 현상이 아닐 수 없다. 이마저도 3년 전의 수치이니, 아마 올해 스마트폰에 중독된 청소년의 비율은 그보다 훨씬 더 높을 거라는 사실은 충분히 짐작하고도 남는다.

스마트폰이 우리 손 안에 자리 잡은 이후, 우리를 둘러싼 모든 분야들이 숨 가쁘게 디지털화되었다. 가히 그것의 마수(魔手)에 벗어날 수 있는 분야가 없을 정도로 스마트폰은 절대 영향력을 발휘하고 있다. 특히나 예전과 달리 이제는 가족의 개념도 크게 변했음을 실감하게 된다. 사전을 보면 '가족(家族)'이란 '부부를 중심으로 하여 그로부터 생겨난 아들, 딸, 손자, 손녀 등으로 구성된 집단 또는 그 구성원'으로 나온다. 이런 사전적 의미는 차치하더라도 흔히 '가족'이라고 하면 '나와 가장 관계가 가까운 혈연관계'로 표현할 수 있다. 물론 여기서 '가장 관계가 가깝다'는 말은 평소 가족 구성원들끼리 충분한 대화와 친밀한 감정 교류가 오고간다는 의미다.

요즘 어느 가정을 보더라도 스마트폰이 가족 수대로 거의 다 지급돼 있기에, 서로 간에 직접 눈을 보면서 조근조근 대화를 나눌 기회가 별로 없다. 같이 밥을 먹는 몇 분의 시간 외에는 따로 떨어져 스마트폰을 보느라 여념이 없다. 가족이라고 하지만 과거와 달리, 서로 간의 심리적 거리는 한결 더 멀어졌다는 느낌을 지울 수 없다. 마치 가족 한 사람 한 사람이 하나의 섬처럼 동떨어져 있음을 실감한다.

하지만 과거에는 그나마 디지털 기기에 가까운 것이라고 해봐야 TV나 라디오, 전화기 등이 다였다. 재미있는 TV 프로그램 몇 개를 보는 게 소소한 즐거움이었기에 가족구성원들 간의 TV채널 쟁탈전도 치열했다. 아이는 아이대로, 부모는 부모대로 각자가 보고 싶은 프로를 선점하기 위한 기 싸움이 대단

했다. 그런 직접적인 부대낌을 통해서 돈목지의(敦睦之誼, 두 텁고 화목한 정)가 생겨날 수 있었고, 대화와 소통이 그나마 잘 유지될 수 있었다. 상대에 대한 배려심이 없이 한 지붕 아래서 생활한다는 건 무척이나 피곤한 일이었기에 자연스레 다른 가족을 염두에 두면서 자신의 지나친 욕구와 행동을 자제할 수밖에 없었다.

그런 아날로그 시대를 지나, 스마트폰이 가족 모두의 손에 들려지면서 가족의 개념도 많이 변했다. 예전 같이 TV를 함께 보는 절대시간도 눈에 띄게 줄어들었다. 굳이 TV가 아니더라도 스마트폰만 있으면 보고 싶은 프로를 죄다 볼 수 있고, 그보다 훨씬 더 재미있는 콘텐츠들도 그 안에 널리고 널려 있기 때문이다. 그런 탓에 디지털 시대의 가족은 대화와 소통, 서로 간의 정이 무색한, 데면데면한 관계로 전락하고 말았다.
스마트폰만 있으면 모든 것이 곧바로 해결되는 분위기가 되다보니, 이젠 TV프로그램을 두고 벌어지는 채널 쟁탈전도 찾아보기 힘들어졌다. 그만큼 가족 구성원들 사이에 감정적 교류의 기회가 순식간에 증발하고 말았다. 가족이라고 불리고 있지만 가족의 기능과 형식만 남아버렸다는 느낌을 갖게 된다. 이런 현실 속에서 우리는 스마트폰을 내려놓고, 다음 질문을 진지하게 던질 필요가 있다.

"지금 내게 가족이란 어떤 의미인가?"

어떤 대답들이 나올 수 있을까? 이에 대한 내 대답은 이렇다.

"가족이란 내가 늘 기댈 수 있는 든든한 피난처이자, 살아가는 힘겨움을 극복하는 데 큰 힘이 되는 소중한 존재다!"

스마트폰이 가족구성원들 사이에 끼어들면서, 요즘 가족을 보면 서로 간에 보이지 않는 심리적 방어선이 굵게 그어져 있다는 느낌을 지울 수 없다. 틈만 나면 부모 아이 가릴 것 없이 스마트폰만 쳐다보기 바쁘니, 서로가 서로를 생각할 수 있는 시간적 여유와 마음이 대폭 줄어들었다. 나를 중심으로 모든 생활이 이루어지는 '나 홀로 문화'가 가정에까지 깊숙이 침투하고 말았다.

이런 분위기 속에서 현대의 가족을 보며 가족 위기 내지 가족 해체를 크게 우려하는 이들이 많아졌다. 가족을 정서적 뿌리로 간주하는 이들은 지금의 가족 분위기를 보면서, 서로 간에 충분한 심리적, 감정적 교류가 오가기 힘들다고 판단한다. 그것이 가족 간의 유대관계뿐만 아니라 심리적 연대의식 형성에 크나큰 방해가 되고 있음을 지적한다.

가족 간의 친밀감은 내가 험난한 세상을 살아가는 데 있어 중요한 뒷받침으로 작용한다. 사회활동을 통해 얻은 마음의 상처를 포함해, 삶의 모든 힘겨움조차도 늘 내 뒤를 받치고 있는 가족이 있기 때문에 충분히 견딜 수 있는 것이다. 반대로 항상 가족이 나를 뒷받침하고 있기에, 내가 보다 더 적극적으로 살아갈 수 있는 힘을 발휘할 수 있다. 이런 관계가 제대로 형성되기 위해선 평소 가족 구성원들 사이에 자연스러운 대면접촉과 많은 감정적 교류가 선행되어야만 한다. 이것이 바람직한 가족의 의미라고 볼 수 있다.

이제 스마트폰의 상시적인 유혹에서 그 누구도 자유롭지 못한 상황이다. 또한 그것이 항상 내 손에 있기 때문에 스마트폰이 나와 가장 가까운 대상이 돼 버렸다. 스마트폰이 뭐길래, 이렇게 '부모 따로, 아이 따로'의 디지털적 가족 형식을 우리가 순순히 받아들여야만 하는가?

이쯤에서 우리가 기억해야 할 사실이 하나 있다. 바로 모든 인간관계의 기초가 되는 게 바로 가족과의 관계라는 사실이다.

가족 구성원들 간의 상호 작용을 통해서 개개인이 사회성을 형성하는 기초체력을 다질 수 있다.

이런 사실들을 감안하면, 지금 아이들의 스마트폰 중독을 단순히 일시적인 성장통이나 통과의례로 치부해서는 안 된다. 장차 그들이 꼭 만들어가야 할 관계 능력에 치명적인 문제를 일으킬 수 있음을 명심하라. 전자화면이 나와 내 가족을 막는 심리적 가림막이 되도록 방관하지 말아야 한다.

그렇다면, 스마트폰이 초래하는 가족 위기를 우리는 어떻게 극복할 수 있을까? 물론 지금 상황에서 스마트폰을 외면한다는 것은 불가능한 일이다. 그런 현실 속에서 우리는 가족 간의 심리적 거리감을 좁히고 서로가 보다 더 풍부한 감정적 교류를 이룩할 수 있는 방법을 찾아야만 한다. 물론 그 방법 또한 정해져 있는 건 아니다. 가족 모두의 협의와 협조, 노력이 필요한 부분이다.

예를 들어, 저녁식사 시간만큼은 예외 없이 스마트폰을 끄고 식사에 집중하면서 대화의 시간을 갖는다거나 주말 오전 시간은 스마트폰을 집에 놔둔 채 가족 모두 야외로 나가 함께 운동

스마트폰없으니
좋군~~

하는 시간으로 삼는 등 개개인이 스마트폰 사용을 자율적으로 통제할 수 있는 절대 시간을 확보하는 게 무척 중요하다. 그렇게 스마트폰에 대한 자제력을 확실히 기를 때 가족 간의 대화와 소통의 시간을 늘릴 수 있고, 풍부한 감정적 교류를 높여나가면서 끈끈한 유대관계를 키워나갈 수 있을 것이다.

직접적인 관계 능력을 키워라

◆ ◇ ◆

인간은 사회적 동물로 일컬어져 왔다. 인간은 혼자서 살아갈 수 없기에 타인과 교류하고자 사회를 형성한다. 누구나 고립되어 있기보다는 사람들과 직접 만나면서 소통하는 걸 좋아한다. 하지만 이제는 사람들 간의 직접적인 만남이 최소화되고 있다. 만남을 연결로도 충분히 대신할 수 있다고 생각하는 이들이 늘어난 탓이다.

예전 같으면 직접 만나야만 처리 가능한 일들도 이젠 스마트폰만 있으면 그 자리에서 즉시 처리가 가능해졌다. 손으로 일일이 적던 작업들도 문서 프로그램으로 작성하여 이메일로 전달하면 되고, 물건 구매 및 티켓 예약은 물론 은행업무까지 인터넷이 연결되는 곳이면 휴대폰 하나로 가능해진 것이다. 굳이 시간을 내서 사람을 직접 만나지 않아도 대부분의 일들이 충분히 처리 가능해졌다. 어떨 때는 스마트폰이 직접적인 만남을 통한 일의 복잡함을 대폭 줄여줄 때도 많다.

페이스북의 창시자인 마크 저커버그는 "연결이 곧 비즈니스"라고 했다. 이제 비즈니스는 연결을 통하지 않고선 불가능해진 게 사실이다. 하지만 이러한 연결이 사람과 사람과의 직접적인 관계를 대체하기에는 여전히 역부족이다. 디지털 기기와의 연결을 통해서 상업적인 활동이 가능할 런지는 모르나, 이것이 인간과 인간의 직접적인 만남을 통한 관계 형성을 대신할 순 없다.

인간끼리의 만남에는 서로의 눈빛과 기(氣), 체온, 체취 등 그가 갖고 있는 고유의 느낌들을 제대로 공유할 수 있다.

그런 조건 속에서 서로가 나누는 대화는 깊은 소통으로 전환된다. 하지만 디지털 기기를 매개로 하는 연결은 그런 사람들 간의 직접적인 감정 교류의 기회가 삭제된다. 그렇기에 연결은 비즈니스는 가능하게 할 수 있겠지만, 사람들 간의 깊이 있는 관계형성으로 이어지는 데는 부족한 게 사실이다.

흔히 타인과 관계를 잘 맺는 이들을 보면 공통점이 있다. 바로 타인의 생각과 감정을 잘 읽는다는 것이다. 그런 정보를 토대로 상대에 대한 배려와 공감이 행해진다. 자신의 생각과 감정을 먼저 들이대기 전에 상대의 그것을 잘 이해하고 받아들여, 스스로의 말과 행동을 조절한다. 이런 인간관계 능력이 뛰어난 이들의 대척점에 있는 이들을 나는 종종 프로크루테스에 빗대곤 한다. 프로크루테스!

고대 그리스 신화에 프로크루테스라는 유명한 강도가 나온다. 그는 길목을 지키고 있다가 사람이 나타나면 잡아서 끈으로 칭칭 묶어 자신의 철 침대 위에 눕힌다. 잡아온 사람의 다리가 침대의 길이보다 길거나 짧으면 침대의 길이에 맞춰 다리를 잘라내거나 늘였다. 자신의 기준에 타인을 철저하게 맞추려 한 것이다.

이처럼 관계능력이 엉망인 사람들을 빗대어 프로크루테스라 부르는데, 요즘의 우리는 어떨까? 우리는 그렇지 않다고 말할 수 있는가?

자신이 중요시하는 기준을 타인에게 강요하려는 오만함을 드러내는 사람들이 늘어나고 있다. 자신의 생각과 감정을 우선시하기에 공감력이 떨어져, 상대의 생각과 감정을 잘 읽지 못한다. 특히나 SNS(Social Network Service), 즉 사회관계망 서비스가 현대인의 일상생활로 정착하면서 그것이 사람과의 직접적인 만남을 대신할 수 있을 거라고 착각하고 있는 이들이 많아졌다.

하지만 이는 어디까지나 기기 간의 연결에 불과하다. 단순히 글자 몇 개로 자신의 생각과 감정을 전달하는 것일 뿐, 직접적인 만남을 통해 형성되는 관계와는 질적으로 다른 것이다. SNS 활동을 활발히 하는 것을 사람들과 충분한 대화와 소통을 했다고 생각하는 이들까지 생겨날 정도로 사람 간의 직접적인 만남이 불러오는 인간적 정이 급속도로 고갈되고 있다.

인간은 직접 만나 사랑을 주고받을 때 가장 행복해진다. 물론 여기서 말하는 사랑은 넓은 의미의 사랑인 배려와 이해, 연민 등과 같은 긍정적인 감정을 아우른다. 이런 긍정적 느낌이 제대로 오갈 때 우리는 타인과 진정으로 '연결'돼 있는 느낌을 가질 수 있다. 디지털 기기들이 주는 편리함을 인간이 주는 사랑과 혼돈해서는 안 된다. 사람과 사람은 직접 만나 긍정적인 생각과 감정이 교류될 때 진정으로 연결될 수 있다.

우리는 정보가 지나치게 넘쳐나고 계속해서 어딘가에 접속(연결)해야만 하는 시대에 살고 있다. 그럴수록 자신의 에너지를 현명하게 관리해야 한다. 그렇지 않으면 앞을 내다보면서 행동하기보다 충동적으로 행동하는 '반사적 작업 흐름'에 빠져 그저 가라앉지 않으려고 발버둥치는 상황에 이르게 된다.

스콧 벨스키의 《그들의 생각은 어떻게 실현됐을까》에 나오는 내용이다.

기계적인 접속(연결)이 대부분의 현대인이 하는 일상 행동이 돼버린 지금, 우리는 연결을 필요 이상으로 과대 해석하고 있다. 그중 하나가 바로 타인과의 직접적인 만남과 동격으로 여기고 있다는 사실이다.

디지털이 현대인에게 미치는 영향력은 상상을 초월한다. 그 범위를 예측하기 어려울 정도로 앞으로도 그 반향은 점점 더 커질 것이다. 그에 따라 디지털적 사고가 인간의 사고방식에도 적지 않은 영향을 초래할 게 뻔하다. 심지어 인간은 사회적 동물이라는 엄연한 진리조차 뒤흔들 만큼 인간의 입지가 위태로워졌다. 사회 전반적으로 인간과 인간이 직접 만남으로써 공유할 수 있는 인향(人香)이 급속도로 증발되고 있다.

비록 시간과 에너지가 들더라도 사람들과의 직접적인 만남은 그 나름의 가치가 크다. 그런 만남에서조차 디지털이 강조하는 논리를 들이대서는 안 된다. 사람은 혼자서 살아갈 수 없다.

우리네 인생은 무척 한시적이다. 모든 사람들은 태어나면서부터 시한부인생을 살아간다. 그런 소중한 시간 동안 사람을 직접 만남으로써 공유되는 기운과 체온, 체취 등이 긍정적 감정과 어우러져 행복감으로 환원된다. 디지털 기기에 쏟아 붓는 시간을 줄여, 가까운 가족이나 친구들과 직접 만나서 대화를 나누고 서로의 느낌을 공유하는 자리를 가져보면 어떨까?

이제라도 늦지 않았다. 디지털 기기들이 전하는 주술에서 하루 속히 빠져나와야만 한다. 대신 주위의 가까운 사람들을 자주 만나 그들이 전하는 고유의 느낌을 주고받음으로써 서로가 행복해질 수 있는 기회의 장을 적극 마련해보자.

내면의 긍정성을 높여라

◆ ◇ ◆

"또 그 말이야! 당신에게 도대체 언제까지 똑같은 말을 매번 들어야만 하는 거야! 정말 지긋지긋해!"
오늘도 여지없이 아내의 핀잔이 날아온다.
회사 일에서건 직장 동료와의 관계에서건 문제가 생기는 날이면, 내 입에선 어김없이 "이 놈의 직장! 빨리 때려치워야 하는데…"라는 말이 자연스럽게 튀어나온다. 그리곤 "나, 이번에 진짜 이 일 관두고 딴 일 알아보면 안 될까?"라는 말을 조심스레 꺼내며 아내의 반응을 유심히 살피게 된다.

물론 나도 내가 좀 심하다는 것쯤은 잘 알고 있다. 여느 가장들처럼 회사에서 일어난 일은, 집에 발을 들여놓는 순간부터 일절 입 밖에도 꺼내지 않는 돌부처가 되어야 하련만, 나는 전혀 그렇지 못하다. 어언 직장생활도 20여 년이 훌쩍 넘었지만 이 지긋지긋한 회사 때려치우겠다는 말은 여전히 내 입가에 맴돌고 있다.

솔직히 나와 비슷한 또래의 직장인들 치고 '회사를 관둬야지!'라고 하루에 수십 번 더 속으로 마음먹는 이들이 적지 않을 것이다. 그럼에도 불구하고 그들은 당장 아내와 자식들을 먹여 살려야 한다는 가장으로서의 막중한 책임감을 외면할 수 없기에, 내심 말을 아끼고 있을 뿐이다.

이렇게 시도 때도 없이 투덜대고 있는 나를 돌아보며, 어느 날 갑자기 이런 생각을 하게 되었다.

'회사야 내가 마음먹기에 따라 언제든지 관둘 수 있는 거 아닌가?'

'그런 처지에 내가 군이 매번 말로써 아내와 아이들을 괴롭히는 게 마땅한가?'

'그런 아빠를 보며, 아이들은 어떤 생각을 하고 있을까?'

'물론, 대놓고 말하진 않겠지만 아마 그런 아빠를 보며 안타까움 반, 한심함 반의 심정을 갖고 있지 않을까?'

그런 반성 아닌 반성을 하고 나서 이 잘못된 말버릇부터 고쳐야겠다고 결심했다. 하지만 이미 20년 이상 오랜 습관으로 굳어진 말버릇을 고치기란 여간 쉬운 일이 아니었다.

그런 차에 하루는 매일매일의 감사 습관이 불러온 놀라운 삶의 기적을 주제로 한 책 몇 권을 우연히 읽게 되었다. 매일 감사일기 쓰기와 더불어 "감사합니다!" 라는 말을 500번 이상 반복해 외침으로써, 그전까지 어둡고 부정적으로 살아온 이들이 극적으로 변해, 밝고 행복해졌다는 사례들이 책 속에 가득했다.

물론 나도 수년 전, 감사일기 쓰기와 더불어 "감사합니다!" 를 반복해 외치면서 감사를 생활화하기 위해 노력한 적이 있었다. 하지만 이조차도 불과 한 달을 끌지 못한 채 이내 포기하고 말았다. 진심에서 우러나와 감사를 표현했다기 보다는, 형식적인 어투로 "감사합니다!" 를 반복하다 보니, 실질적인 효과를 거두기 힘들었기 때문이다.

하지만 이번엔 달랐다. 내 내면 깊이 진심에서 우러나온 감사를 표하기 위해 노력했다. 그 결과 어느 순간부터 내 입에선 '회사 때려치우겠다!' 는 말이 더 이상 나오지 않게 되었다. 대신 눈앞의 현실을 적극 수용하고 절대 긍정함으로써, 내 마음도 한결 더 평화로워질 수 있었다.

흔히들 "감사합니다!" 라는 말을 습관화하라고 하면 대부분 대 뜸 이렇게 대꾸한다.

"물론 '감사!' 라는 말이 좋은 건 잘 알죠! 하지만 감사할 일이 있어야 감사를 표현할 거 아니겠어요?"

물론 그들의 대답은 절반은 맞고, 절반은 틀리다. 왜냐하면 긍 정적인 상황보다는 부정적인 상황이 훨씬 더 많은 우리네 인 생에서, 감사거리가 먼저 있어야만 감사를 습관화할 수 있다는 생각을 갖고는 결코 감사를 습관화할 수 없기 때문이다. 사실 즐겁고 좋은 일보다는 괴롭고 힘든 일이 훨씬 더 많이 벌어지 는 게 인생 아니던가.

"먼저 감사거리가 있어야 감사를 표할 수 있다"고 주장하는 이 들에게 해줄 소중한 조언이 하나 있다.

"우리가 긍정적으로 살기 위해 노력하는 것은 삶이 아름 답고 쉬워서가 아니다. 삶은 고되고 힘든 법이므로 긍정적 으로 살아야만 하는 것이다!"

존 고든의 책《인생단어》에 나오는 문장이다. 마찬가지로 온 갖 고통과 역경으로 점철된 우리네 인생을 그저 그렇게 살아서 는 절대 행복해지기 어렵다. 비록 고통과 역경으로 점철된 인 생이지만 그 속에도 분명 밝고 긍정적인 행복의 재료들이 많이 내재돼 있다. 그것을 적극 발굴해, 절대 긍정하면 되는 것이다. 하지만 이것을 제대로 알아채기 위해선 평소 그 사람 내면의 긍정성이 제고돼 있어야 한다.

내면이 긍정적일 때 삶이 행복해질 수 있다. 내면의 부정과 삶 의 행복은 양립하기 어렵다. 하지만 그런 내면의 긍정성조차도 당사자의 의식적인 노력과 훈련이 필요하다. 그를 위해 안성맞 춤의 행위가 바로 '감사일기 쓰기'와 "감사합니다!"라는 말을 습관화하는 행동이다. 우리 내면이 감사의 바이러스로 충만할 때, 고통과 역경이라는 삶의 굴곡으로부터 스스로를 보호할 수 있다. 그만큼 감사는 행복을 우리 삶으로 적극 끌어당기는 강 력한 자석과도 같다.

흔히들 긍정보다는 부정의 힘이 훨씬 더 셀 거라고 생각한다. 그렇지 않다! 사실상 긍정의 힘이 부정의 힘보다 최소 수십 배는 더 세다. 그런 탓에 우리는 늘 감사를 습관화함으로써 내면의 긍정성을 배가시켜야 한다.

지금도 나는 감사일기 쓰기와 더불어 500번의 감사를 매일 외치고 있다. 게다가 이 긍정 바이러스를 얼마 전부터 아내에게 전하기 시작했다. 물론 아내도 처음 내 제안에 대해 무척이나 시큰둥했다. "감사할 일이 있어야 감사를 표현할 거 아니겠어?"라며 대부분의 사람들과 입장이 다르지 않았다. 하지만 어느 순간부터 내 입에서 "회사 때려치우겠다!"라는 말이 종적을 감추게 되었고, 이내 아내도 내가 왜 그렇게 돌변했는지 의문을 갖게 되었다. 그런 차에 감사를 일상의 의식으로 삼고 있는 나를 직접 목격하면서, 감사의 힘을 숭배하는 또 한 명의 신도로 기꺼이 합류하게 되었다.

하루 온종일 스마트폰만 쳐다보는 현대인은 화려한 전자화면에 현혹돼 스스로의 내면 상태를 도외시하고 있다. 그로 인해 그들 내면에는 부정성이 자라나게 된다. 행복을 경원시하고 불행을 가까이 하는 안타까운 모습이 아닐 수 없다.

삶이 마냥 힘들고 괴롭게 느껴질 때가 바로 감사를 내 삶으로 적극 끌어당길 때다. 당신의 인생에 감사의 마법을 불어넣어보라. 감사는 우리의 인생은 물론, 운명까지도 불행모드에서 행복모드로 재깍 돌려놓는다.

오늘 하루의 감사가 내일 행복의 든든한 밑거름이 된다. 그렇기에 당신이 오늘 해야 할 일은 바로 내면의 긍정성을 높이는 일이다. 그를 위해 당신 앞의 전자화면이 아닌 당신 안의 바탕화면을 자주 들여다보면서 거기에 감사의 기운을 불어넣어라.

진실의 가치

◆ ◇

"하나의 거짓이 완벽해지기 위해선 더 큰 거짓이나 더 많은 거짓이 동원되어야만 한다! 하지만 그것의 결과는 참혹하다."

이 말이 생각나게 하는 사건이 하나 있다. 십수 년 전 가수로 한창 인기를 끌고 스타덤에 올랐을 때, 군 입대를 묻는 기자의 질문에 "대한민국 남아로서 당당히 군대를 가겠다!"고 밝혀, 당시 '아름다운 청년'으로 불리기까지 했던 A씨!

하지만 그는 공익근무 입대 3개월을 앞두고 느닷없이 미국 시민권을 취득해 군 입대 면제를 받았다. 이에 그를 철석같이 믿었던 팬들과 국민들을 크게 실망시키고 말았다. 그러나 후폭풍은 수그러들지 않았다. A씨는 급기야 국내에서의 가수활동을 전면 금지 당했고, '입국금지명단'에 올라 국내에 발을 딛지 못하고 있다. 그랬던 그가 오랜 세월이 흐른 지금까지도 입국을 허용해달라고 당국의 허락을 구하기도 하고, 법에 호소해보기도 하지만 결과는 신통찮다. 한 번의 거짓말이 자신의 운명에까지 적지 않은 악영향을 미치고 있는 경우다.

A씨 사건의 전말을 보면서 씁쓸한 기분을 지울 수 없었다. 만약 그가 군 복무를 하겠다고 애당초 약속을 하지 않았다면, 아니면 이미 약속한 그대로 군 복무를 했다면 결과는 크게 달라지지 않았을까?

쉽게 던진 한 마디의 빈말이 일파만파 번져 자신의 운명에까지 크나큰 악영향을 끼친 사례를 굳이 들지 않더라도, 우리 스스로도 양심을 어기는 말을 특히 더 경계해야만 할 것이다.

누구나 크든 작든 간에 약간의 거짓말을 하면서 살아가고 있다. 갑작스런 곤란이나 위기를 모면하기 위해 혹은 자신의 말과 행동을 합리화하기 위한 욕구는 어쩌면 인간 내면 깊이 잠재된 욕구일 것이다. 하지만 이때 욕구 그대로 행동하는 이들이 있는가 하면, 그것을 경계해 양심을 저버리지 않기 위해 노력하는 이들도 분명히 있다.

짧은 식견에서 보면 전자가 후자보다 더 융통성 있게 처신하기에 훨씬 더 크게 성공하고 행복할 것처럼 보인다. 하지만 좀 더 넓은 안목에서 보면, 오히려 전자는 후자와 달리, 자기 자신에게조차 쉽게 거짓을 허용하기에 더 큰 삶의 리스크를 안을 수밖에 없다. 그 결과 그동안 스스로 어렵사리 지켜온 소중한 양심의 성(城)을 자진해서 허무는 꼴이 되고 만다.

이제 우리는 우리의 의도와 상관없이 항상 세상과 연결돼 있다. 연결은 디지털 시대의 숙명이다. 그렇기에 더더욱 진실을 절대가치로 삼아야 한다. 무심코 SNS에 올린 글이 일파만파 번져 자신에게 회복불능의 치명상을 끼치기도 한다. 진실은 디지털 사회가 보다 더 투명하고 신뢰 깊은 사회로 변모하기 위한 전제조건이 된다. 제아무리 세상이 변하고 시대가 바뀌더라도 진리는 변함이 없다. '인간은 늘 진실해야 한다.'

세상의 많은 문제들이 진실을 저버렸기 때문에 발생한다. 특히나 스마트폰을 통한 과잉연결 사회 속에서 공동체를 해치는 민감하고 예민한 사안들에 대해선 한 치의 거짓도 용납해서는 안된다. 이것이 구성원들 사이에 제대로 지켜질 때, 정의로운 사회와 국가가 완성될 수 있다.

거짓은 단기적으로 사람들을 기만할 순 있지만, 장기적으로는 불가능하다. 왜냐하면 진실이든 거짓이든 그것의 민낯은 어떤 식으로든 본래 모습을 드러내게 돼 있기 때문이다.

중국 작가 장샤오헝의 책《느리게 더 느리게》를 보면 이런 글이 나온다.

'자신의 내면과 소통하는 것은 건물을 짓기 전 기초를 다지는 것과 같다. 기초를 다져야 튼튼한 건물을 세울 수 있는 것처럼 자기 내면과 소통을 잘 해야 타인과의 관계도 올바르게 맺을 수 있다.□

자신과의 대화와 소통이 원활해질 때, 타인과의 대화와 소통이 원활해질 수 있음을 강조하고 있다. 이때 매개체가 되는 게 바로 '진실'이다. 주렁주렁 자기 자신을 치장하고 겹겹이 보호막을 칠 경우, 어떻게 자신과는 물론 타인과 깊이 소통하면서 신뢰관계를 맺을 수 있겠는가?

유명한 찰스 디킨스 원작《크리스마스 캐롤》을 보면, 늘 자신의 이익을 위해 타인을 희생시키는 수전노 스크루지 영감의 이야기가 나온다. 물론 이 사례는 진실을 지키는 것과 차원이 다른 예로 인식될 수도 있다. 하지만 그렇지 않다! 왜냐하면 타인에게 인색하게 구는 것도 결국은 스스로의 양심을 허무는 꼴이 되기에 자신을 속이는 것과 별반 다르지 않기 때문이다.

돈을 위해서라면 양심을 어기면서까지 타인에게 피해를 입히는 스크루지 영감!

어느 날 밤, 7년 전 죽은 동업자 제이콥 말리 유령이 그에게 나타난다. 생전에 스크루지만큼이나 인색하게 살았던 벌로 유령이 돼 끔찍한 형벌을 받고 있던 말리는 스크루지가 자신과 같은 운명에 처해지는 걸 막고 싶었던 것!

그는 스크루지에게 조만간 세 명의 유령이 찾아올 거라고 귀띔한다. 말리의 말대로 과거, 현재, 미래의 크리스마스로 불리는 세 명의 유령이 스크루지를 찾아온다. 그리곤 그가 살아온 과거와 현재를 잇달아 보여준 후, 비참한 최후로 끝맺게 되는 그의 미래도 함께 보여준다.

과거, 현재와 똑같이 자기 이익만을 좇으며 타인을 속일 경우, 그가 얼마나 처참한 최후를 맞이하게 될 것인가를 생생하게 경고한다. 이에 큰 충격을 받은 스크루지는 하루 밤 사이 환골탈태해, 전혀 새로운 사람이 된다는 내용이다.

하지만 현실적으로 보면, 우리에겐 스크루지와 같이 자기 양심에 어긋난 행동을 전격적으로 고칠 기회가 제공될 가능성이 퍽 희박하다. 대부분의 사람들은 지금까지 살아온 모습 그대로, 앞으로 똑같이 살 가능성이 훨씬 더 높다.

개개인이 자기 양심을 어기는 행동을 고치고자 하는 의식적인 노력과 실천을 하지 않으면, 그로부터 벗어나기가 무척 힘들어진다. 자신에게 쉽사리 거짓을 허용하는 순간, 그때부터 진실은 이미 거짓의 문턱을 넘어선다. 더 이상 진실이 아닌 것이다. 더 큰 문제는 이제 더 큰 거짓이 더 작은 거짓의 자리를 호시탐탐 노리게 된다는 사실이다.

'하나의 거짓이 완벽해지기 위해선 더 큰 거짓이나 더 많은 거짓이 동원돼야만 한다! 하지만 그 결과는 참혹하다!'

과잉연결 사회가 되다 보니 진실만큼이나 거짓 또한 난무하면서 세상을 어지럽히고 있다. 하지만 행복은 진실에 기반을 두고 있다. 투명한 진실로 빛나는 세상을 만들기 위해선 우리 스스로도 진실의 중요성을 제대로 인식하면서, 그에 맞게 행동해야 할 것이다.

자신감 사용설명서

◆ ◇

　　"우리는 누구나 자신이 해야 할 일을 할 수 있는 능력을 가지고 있다. 어쩌면 그보다 더 큰 능력을 가지고 있는지도 모른다. 하지만 그것을 해내는 사람이 있는 반면, 그러지 못하는 사람도 있다. 그렇다면 문제는 자기 자신에게 있는 것이다."

오마하의 현인, 워렌 버핏이 한 말이다.

모든 인간은 무한한 잠재력을 갖고 이 세상에 태어난다. 하지만 그것을 밖으로 끌어내기 위해선 먼저 스스로가 할 수 있다는 믿음인 자신감이 있어야 한다. 자신의 능력과 가능성에 대한 믿음이 얼마나 큰가에 따라 그가 이루어내는 삶의 결과물의 크기도 달라진다.

인간의 위대함은 그 어떤 악조건 속에서도 자신감을 토대로 그것을 헤쳐나갈 때 제대로 발현된다. 이런 부류에 속하는 이들은 결코 '사람 탓' '환경 탓' '조건 탓'에 얽매이지 않는다. 그럴수록 자신감을 키워, 그 모든 악조건을 넘어서는 데 집중한다. 고난이나 역경을 바라보는 그들의 시각은 남다르다. 고난이나 역경을 마냥 힘들고 괴로운 것으로 여기기보다는 스스로의 잠재력을 키우는 기회로 적극 삼는다. 자신감이 우리 인간에게 얼마나 중요한가를 일깨우는 유명한 일화가 있다.

'너무나 유명한 마거릿 미첼의 소설 《바람과 함께 사라지다》가 세상에 나오기까지의 과정이 궁금하지 않은가?'
많은 이들이 이 소설이 세상에 나와, 위대한 작품이 될 수 있었던 배경으로 '마가릿 미첼'이라는 작가의 능력과 재능을 손꼽는다. 하지만 전혀 그렇지 않다. 이미 그 전에 그녀가 겪은 과정을 보면 혀를 내두르지 않을 수 없기 때문이다.
《바람과 함께 사라지다》를 출간하기 위해 그녀는 무려 1,000곳에 달하는 출판사의 거절을 감내해야만 했다는 사실이다!

말이 1,000곳이지, 지금과 같이 세상이 전혀 연결되지 않은 상황에서 1,000곳의 출판사에 작품을 의뢰하기란 거의 불가능한 일이다. 그럼에도 불구하고 그녀는 단 한 번도 포기하지 않았다. 출판사의 거절을 받을 때마다 '더 잘 쓸 수 있다'는 자신감을 키우는 계기로 적극 삼았고, 글쓰기를 멈추지 않았던 것이다.

"당시 저는 무척 힘든 상황이었지만 포기한 적은 없습니다. 저는 항상 제게 말했습니다. '그들이 내 작품을 선택하지 않은 것은 분명히 작품이 좋지 않기 때문일 거야. 반드시 더 나은 작품을 쓰고 말겠어.'라고요."

(출처: 장이츠, 《하버드 인생특강》)

이같이 자신감은 개개인이 자기 한계를 극복하는 결정적 대항력으로 작용하게 된다. 물론 여기서 말하는 '자기 한계'란 것도 결국 그 자신이 만든 심리적 한계에 불과하다. 결코 현실적 한계가 아니라는 말이다. 그렇다면 우리는 자신감을 어떻게 키울 수 있을까?

무엇보다도 '나는 할 수 있다!'는 믿음이 굳건히 서 있어야 한다. 스스로가 할 수 있다는 믿음이 약한데, 어떻게 열정과 의지가 뒤따를 수 있겠는가? 그만큼 자신감은 인간이 역경과 고난을 극복하고 행복하게 살아가는 데 있어 결정적 역할을 한다.

당장 우리 눈에 드러나는 외형적인 것은 영구적으로 전환되기 어렵다. 하지만 드러나지 않는 내면적인 것은 영구적으로 전환된다. 곧 그 자신의 내적 자산이 되는 것이다. 그런 내적 자산들 중에 수위를 차지하고 있는 게 바로 '자신감'이다.

심리학자 윌리엄 제임스 교수는 이런 말을 했다.

"우리는 현실의 삶을 지탱하기 위해 항상 바쁘게 움직이면서 외부 세계를 향해 전력으로 질주하지만 정작 내면을 들여다보며 자신을 찾고 나만의 정원을 돌아볼 만한 여유는 없다."

자신감도 마찬가지다. 이 힘을 제대로 키우기 위해선, 습관적으로 전자화면을 여는 대신 자기 내면의 창을 열어, 그것을 제대로 보살피려는 노력이 요구된다. '내가 무엇을 할 수 있고, 무엇을 할 수 없는지' 등과 같이 스스로에 대한 객관적 시각이 확립돼 있어야 한다. 그로써 강점은 키우고 약점은 보강하는 현명한 대처방안을 강구할 수 있다.

'자신감이란 환경이나 조건, 타인의 시선이나 기대로부터 자

유로워짐으로써 온전히 독립된 인격체로서 삶을 꾸려가고자
하는 굳건한 마음이다.'

책《기적의 자신감 수업》에서 세계적인 강연가 로버트 앤서니
는 이렇게 자신감을 색다르게 정의하고 있다. 여기서 말하는
'타인의 시선이나 기대'라는 것도 결국 내 인생이라는 큰 산을
향해 걸어가는 과정에서 내 발부리에 걸리는 한낱 자갈에 불과
하다. 거기에 연연해서는 안 된다. 그래봤자 자신에 대한 믿음
인 자신감을 키우는 데 방해가 될 뿐이다.

**'디지털 시대를 살아가는 현대인들은 스마트폰 중독만큼 기기에
대한 믿음이 커지고 있지만 자기 자신에 대한 믿음은 한없이 약해
지고 있다.'**

이런 현실 속에서 현대인이 어떻게 행복을 말할 수 있겠는가?
힘든 노릇이다. 모든 인간에게 숨어 있는 잠재력은 개개인이
자신감을 토대로 적극적으로 행동할 때 가시화될 수 있다. 그
만큼 자신감은 지금 디지털 기기들이 주도하는 세상에 맞서 인
간의 행복을 지켜주는 든든한 방패막이로 작용하게 된다.

진정으로 스마트한 인생이란

◆ ◇ ◆

　　지금 인간은 유래 없이 편리한 세상을 살아가고 있다. 인간과 관련된 모든 분야의 일들이 디지털 기기들에 의해 속속들이 대체되고 있다. 굳이 나서지 않아도 기기들이 알아서 다 해주는 시대를 살고 있는 것이다. 기기들이 인간을 대신해 모든 일을 다 해주는 스마트(Smart) 시대! 인간은 그만큼 스마트하게 살아가고 있을까?

이에 대해 확실하게 그렇다! 라고 대답하기엔 무언가 석연찮다. 분명히 기기들이 인간의 힘을 빌리지 않고도 알아서 척! 척! 다 해주는 스마트한(똑똑한) 세상이 된 건 사실이지만 그에 비례해 인간도 더 똑똑하게 살고 있다고 보기 힘들기 때문이다. 오히려 그만큼 '스튜피드(stupid, 어리석은)'해진 건 아닐까? 왜 그럴까?

스마트 기기들이 널리 보급되기 전까지만 해도, 스스로의 사고력을 적극 발휘해 문제해결능력을 키워온 인간이 점점 더 수동적이고 소극적으로 변했기 때문이다. 하루 내내 전자화면만 보면서 비자발주의에 깊이 빠져 있다 보니, 현대인은 갈수록 생각하기를 싫어한다. 굳이 골치 아프게 머리 굴리는(?) 걸 꺼린다. 그런 탓에 자신이 처한 한계 상황을 극복하고 삶을 개선시키고자 하는 개척정신도 확실히 줄어들었다. 디지털 기기의 능동성이 커짐에 따라 인간의 수동성이 상대적으로 커지고 있다. 무기력한 사람들이 많아지고 있는 이유다.

단적인 예를 들어보자.

내비게이션이 나오기 전까지만 해도 사람들은 자신의 지력과 오감을 총동원해 목적지로 가는 길을 찾고자 했다. 그 과정에서 지리감각도 키울 수 있었다. 하지만 일명 '내비'가 출현하면서 사람들은 더 이상 길을 찾느라 애쓰지 않는다. 내비가 목적지로 향하는 길을 훨씬 더 정확하고 빠르게 안내하기 때문이

다. 따라서 인간의 지리감각도 그만큼 퇴보할 수밖에 없다. 이
제 사람들은 내비의 안내가 없으면, 더 이상 먼 길을 떠나지 않
으려는 무기력한 상황에 빠지고 말았다.

결과적으로, 온갖 다양한 디지털 기기가 출현함으로써 인간은
훨씬 더 편리해졌고, 분명 스마트한 세상을 살고 있지만, 인간
은 거꾸로 '스튜피드'해진 건 아닐까?
그렇다면 기기들이 주도하는 스마트 세상에서 우리 인간이 진
정으로 스마트하게 살아가기 위해선 어떻게 해야만 할까?
그것은 바로 기술이라는 물질문명에 대항해 인간 고유의 정신
문화를 지키고 확대시켜 나가는 것이다. 인간 정신을 중점적으
로 다루는 학문과 분야를 넓히고 새로운 문화로 발전시켜 나가
는 것이다.
이를 테면 창의성이나 감성, 사상, 철학 등과 같이 인간이 중심
이 되는 분야의 지속적인 계발과 발전이 전제되어야 한다. 아
울러 인간도 기기들에게 모든 일을 내맡길 것이 아니라 스스로
할 수 있는 능력을 지속적으로 유지, 발전시켜야 한다.

세상이 급속도로 스마트화되면서 인간이 한층 더 멀어진 세계

가 있다. 바로 자연이다. 하지만 인간은 자연과 본래부터 떨어질 수 없고 떨어져서도 안 된다. 왜냐하면 인간의 모태가 자연이기 때문에 인간은 자신의 뿌리인 그곳을 항상 가까이 하면서 충분하게 교류하고 있어야 한다. 게다가 창의성과 감성 역시도 자연과 밀접한 연관이 있다. 이와 관련해, 미국 한 매체의 보도가 있었다.

캔자스 대학 심리학자인 앤 애칠리 연구진이 비영리기관 아웃바운드와 손잡고 **자연에서 하는 하이킹이 인간 심리에 미치는 효과**를 측정했다. 연구진은 하이킹 시작 전 참가자 60명을 대상으로 창의력 시험을 치렀다. 그리고 하이킹 4일째 되는 날, 같은 시험을 다시 치렀다.

그 결과, 놀라운 사실이 밝혀졌다. 자연에서 하이킹한 사람들이 연령에 상관없이 두 번째 창의력 시험에서 최소 50퍼센트 높은 성적이 나온 것이었다. 이에 대해 애칠리 박사는 다음과 같이 결론지었다.

"자연에서 보내는 시간이 길수록 이점이 큰 것으로 드러났다. 휴대전화를 꺼놓고 대자연으로 떠난 지 3일 후에 효과(창의력 효과)가 절정에 달하는 것으로 조사됐다. 차분하면서도 흥미

로운 자연에 둘러싸여 긴 시간을 보냄에 따라 다양한 긍정적 영향이 발생되는 것이다."

위 사실을 종합해 보면, 스마트 혁명 시대에 인간이 행복을 보장받기 위해선 자기 고유의 능력을 키우고, 아울러 정신문화의 함양에 힘을 써야 한다.

늘 자연을 벗 삼아라. 이것이 지금 한창 기기들에 떠밀려 뒷방 노인 신세로 전락한 우리 인간이 스스로의 존재 가치를 지키고, 진정으로 스마트하게 살아갈 수 있는 비결이다.

스마트 기기들도 그것이 개발된 당초 목적은 인간의 편리와 편의를 북돋워 인간이 보다 더 행복해지도록 하기 위함이 아니던가? 최첨단 기기들이 어느 날 갑자기 인간 앞에 '짠' 하며 나타난 게 아니라 인간의 요구와 필요에 의해 나타났다는 사실을 망각해서는 안 된다.

스마트 기기들이 주도하는 세상에 우리 인간의 삶이 지나치게 함몰되어서는 안 된다. 그 어떤 환경에서도 인간 스스로가 존재 가치와 정체성을 지키고 능동적인 힘을 키워나가야 한다.

아날로그 시대의 단상

◆ ◇ ◆

우리를 둘러싼 모든 것들이 다 디지털화되고 있다. 아날로그는 옛것이고, 찬란한 디지털 시대의 뒷목을 잡는 걸림돌이 된다는 사회적 인식도 강해졌다.

'디지털이 최고'라고 생각하는 사람들은 지금껏 인간이 해결하지 못한 수많은 문제들을 최첨단 디지털 기술이 해결해줄 수 있으리라는 기대감마저 갖고 있다. 심지어 인간의 행복도 그것이 대신해줄 거라고 기대한다.

과연 아날로그를 배제하고 디지털만 쫓아갈 경우, 인간이 진정으로 행복해질 수 있을까? 이에 대한 대답에 앞서, 예전 아날로그 시대로 잠시 돌아가 보자.

내가 어렸을 적엔 아파트가 무척 귀했다. 대부분이 주택이라는 표현을 하기도 민망할 정도로 열악한 슬레이트 지붕을 얹은 집들이었다. 그만큼 그 시절엔 매우 가난했다. 당시 우리 집도 단칸방 슬레이트 지붕 집이었다. 할머니를 포함해 일곱 식구가 한 지붕 아래 살 수가 없어, 한 동네 안의 여러 단칸방에 나눠 살아야만 했다.

4남매의 막내인 나는 부모님과 함께 단칸방에서 살았고, 나보다 7살 위인 큰누나와 2살 위인 작은누나는 할머니와 함께 인근의 단칸방에서 살았으며, 나보다 4살 위인 형 역시도 방을 따로 마련해 혼자 살았다.

당시 지붕의 소재로 주로 쓰인 슬레이트는 더위와 추위를 전혀 막아내지 못했다. 여름이면 하루 종일 뜨거운 햇볕에 달구어진 지붕이 밤이 돼도 잘 식지 않았다. 너무 더워 깊은 수면을 취할 수가 없었다. 밤새도록 몇 번씩 잠을 깨가면서 조그만 부엌에 쪼그려 앉아 몸에 물 몇 바가지 끼얹는 걸로 만족해야 할 만큼 생활이 열악했었다. 반면 겨울이 되면, 집 안 전체가 차가운 냉골이었다. 방구들 아랫목만 약간 미지근할 뿐, 방 전체가 무척 추웠다. 어머니가 빨래를 말리기 위해 방바닥에 빨래 가지들을 늘어놓으면 밤새 빨래가 꽝꽝 얼어버릴 정도였다.

그런 불편함이 가득했음에도 불구하고 내 어린 시절은 추억으로 가득하다. 동네 아이들과 몸을 부대끼면서 재미있게 놀다보면 하루해가 금방 갔다. 특히나 동네 어귀에 있던 옛 군인부대 건물은 우리들이 놀기에 안성맞춤의 장소였다.

한국전쟁 때 군인들이 주둔한 뒤 오랫동안 폐허로 방치된 그곳은 커다란 건물만 덩그러니 남아 있었다. 그 안에 들어가 숨바꼭질과 딱지치기, 구슬치기, 자치기 등을 하면서 재미있게 놀았다. 비록 지금처럼 디지털 기기들이 주는 편리함과 재미를 맛보긴 힘들었지만, 내 어린 시절의 아날로그 추억들은 지금도 생생히 내 기억 속에 남아 나를 행복하게 만들고 있다.

요즘 아이들을 보면 불쌍하다는 생각을 자주 한다. 내게도 고등학교 2학년인 아들과 중학교 2학년인 딸이 있다. 매일 학교 수업을 마치면 학원 순례를 해야 하고, 그나마 남는 시간엔 내내 스마트폰을 끼고 살면서 홀로 동떨어져 있는 그들을 보고 있노라면, 디지털 네이티브(Digital Native, 디지털원주민)인 그들이 아날로그 시대의 진미를 아예 맛보지 못하고 있는 현실이 안타깝다.

내 또래의 부모 세대는 어린 시절 충분한 아날로그 경험을 거쳐왔기에, 지난날의 아날로그 시대와 현재의 디지털 시대의 장단점을 충분히 인식하고 있고, 스마트폰 중독에 대해서도 어느 정도 균형적인 태도를 취할 수 있다. 하지만 요즘 아이들은 처음부터 아날로그 시대의 경험을 박탈당한 채 살아왔기에 디지털 중독에 더 깊이 빠져들 수밖에 없다.

이런 현실을 감안하면 아날로그를 이미 경험한 부모세대들이 앞장서서 우리 아이들에게 아날로그 세상을 제대로 맛볼 수 있는 기회를 의도적으로 제공하는 게 마땅하지 않을까? 비록 디지털이 판을 치고 있는 세상이지만 그 속에서도 우리가 마음만 먹으면 충분히 아날로그 경험을 만끽할 수 있다.

가령, 바로 내 앞에서 몇 시간째 전자화면만 골똘히 보고 있는 아이의 손을 끌어, 축구공이나 야구공을 갖고 학교 운동장에 나가 땀을 흠뻑 흘리는 공놀이를 한다거나 아니면 집 근처 공원에 아이를 데리고 가 갖가지 새들이며 꽃들을 구경하거나 주변의 자연을 감상하면서 함께 걷는 것도 괜찮은 방법이다.

지금 우리에게 가장 필요한 자세는 스마트폰을 잠시 내려놓고 늘 우리를 감싸고 있던 아날로그 세계를 직접 몸으로 맞이하면서 충분히 음미해보고자 노력하는 것이다.

몇 시간째 당신이 골똘히 들여다보고 있던 전자화면은 잠시 손에서 내려놓아라. 그 대신 집 밖으로 나가 꽃과 나무들이 가득한 자연으로 들어가보라. 눈을 감은 채 나무가 속삭이는 소리며 바람의 노래, 따뜻한 햇볕이 감싸는 느낌을 온몸으로 맞이해보라. 우리가 발을 딛고 있는 이 세상 많은 것들이 속속들이 디지털로 바뀌고 있지만, 그럼에도 불구하고 우리가 마음만 먹으면 그 속에서도 충분히 아날로그를 체험할 수 있다.

"자연을 깊이 들여다보라. 그러면 세상의 모든 것을 더 잘 알게 될 것이다."

위대한 과학자 아인슈타인은 이렇게 강조했다. 마찬가지로, 평소 우리가 외면해온 자연이 바로 지금 강조하고 있는 '아날로그 덩어리'다. 그리고 그것이 인간의 원초적인 뿌리다. 그렇기에 현대인이 제아무리 디지털을 숭배하고 맹목적으로 추종하더라도, 자신의 뿌리인 아날로그를 외면하는 순간, 깊은 불행의 골짜기에서 헤어나올 수 없다. 아날로그와 디지털 사이에서 균형적인 태도를 취하는 게, 디지털 혁명시대 행복형 인간으로 거듭날 수 있는 토대가 된다.

우리가 꼭 명심해야 할 것이 있다. 디지털은 단지 인간의 편리함과 편의을 위한 것일 뿐, 인간의 행복을 보장하지는 못한다는 사실이다. 내가 경험한 어릴 때의 숱한 아날로그 추억은 앞으로도 내가 숨 쉬고 있는 동안 충분히 나를 행복하게 만드는 안식처가 되어줄 것이다.

현대인은 도무지 디지털로 향한 바쁜 걸음을 멈출 줄 모른다. 자연과 친해지려는 마음과 의지가 단 1퍼센트도 없는 것 같다. 잠시만이라도 스마트폰에서 눈을 떼는 것을 부질없는 짓으로 여기는 이들이 많다. 그런 그들이 길가에 피어 있는 한 송이 꽃이 선사하는 향기며, 지지배배 지저귀는 새 소리를 음미하면서 마음 속 깊이 뿌듯한 무언가를 충분히 느낄 수나 있을까? 글쎄올시다?

디지털시대에
부각되는
인문학

◆ ◇ ◆

'화향백리 주향천리 인향만리(花香百里 酒香千里 人香萬里)'라는 말이 있다. '꽃향기는 백리를 가고 술향기는 천리를 가고 사람 향기는 만리를 간다'는 뜻이다. 인품이 훌륭한 사람이 가장 오랫동안 사람들 기억 속에 남으면서 가장 먼 곳까지 좋은 영향을 미친다는 속뜻으로 해석할 수 있다.
이 말과 관련된 일화가 있다.

중국 남북조 시대의 남사(南史)에 송계아(宋季雅)란 고위 관리가 관직을 관둘 때가 되었다. 정년퇴직 후 자신이 살 집을 보러 다녔는데, 지인들이 추천해준 몇 곳을 봤지만 마음에 들지 않았다. 그러던 그가 집값이 백만금 밖에 안 되는 집을 천백만금을 주고 샀다. 바로 여승진(呂僧珍)이라는 사람의 이웃집이었다. 이 얘기를 전해 들은 여승진이 그에게 찾아가 이유를 물었다. 그러자 송계아는 다음과 같이 대답했다.

"백만금은 집값으로 지불했고(百萬買宅), 천만금은 당신과 이웃이 되기 위한 값(千萬買隣)이라오!"

평소 여승진의 넉넉한 인품과 사람 됨됨이를 잘 알고 있던 송계아는 여승진과 가까이 지낼 수만 있다면 거금도 아깝지 않을 만큼 그의 곁에서 살고 싶었던 것이다. 퇴직 후 이사한 송계아는 여승진의 집과 경계를 이루던 벽을 허물고 매일 정자에 모여 술을 마시며 우정을 나누었다고 한다. 이 때 송계아가 한 말이 다음과 같다.

"꽃의 향기는 백리를 가고, 술의 향기는 천리를 가지만 사람의 향기는 만 리를 가고도 남는다네(花香百里 酒香千里 人香萬里)!"

그만큼 사람이 살아오면서 오랜 세월 축적된 인향(人香)은 뭇사람들의 마음속에 가장 오래토록 남아, 멀리까지 좋은 영향을 끼친다. 그런 인향을 갖추기 위해 인간이라면 누구나 자신의 인격을 닦기 위해 노력해야 한다. 왜냐하면 그것이 자기 자신은 물론, 주변 사람들도 행복하게 만드는 비결이기 때문이다.

인문학 두 번째 이야기!

'구일신 일일신 우일신(舊日新 日日新 又日新)' 말의 유래를 찾아 함께 떠나보자. 이 말의 뜻은 '진실로 하루가 새로워지려 면 날마다 새롭게 하고 또 새롭게 하라' 이다. 바로 중국 은(殷) 나라의 탕(湯) 임금이 좌우명으로 삼은 말에서 유래한다.

탕 임금!

그는 중국 역사에서 군주를 몰아내고 역성혁명을 일으킨 첫 번째 왕으로 기록된다. 폭군이었던 하나라의 걸 왕을 무력으로 몰아낸 뒤 왕위에 오른 인물이다. 당시엔 평상시 자신이 애지 중지하던 물건에 좌우명을 새기는 게 유행이었다. 탕 임금은 세숫대야에 이 문구를 새겨놓고선 매일 아침 세수할 때마다 마음속으로 되새겼다고 한다.

걸 왕이 스스로의 안일함과 나태함에 빠져 타락하면서 폭군이 된 전례를 상기하면서, 자신은 절대 그와 같은 전철을 밟지 않 기 위한 노력의 일환이었다. 안일함과 나태함에 물들고, 과거 와 구습에 얽매여 스스로가 새로워지기를 그만두는 순간, 자신 도 걸 임금과 같은 운명을 피할 수 없음을 되새기기 위한 자구

책이었다. 그런 노력 때문이었을까? 탕 임금은 중국 역사상 덕치로 백성과 나라를 다스린 가장 훌륭한 임금으로 기억된다.

인문학이 열풍이다. 여기서 '인문학'이란 '언어, 문학, 법률, 철학, 예술 등 인간의 가치 탐구와 표현을 연구하는 학문'이다. 사전적 정의다. 인류의 오랜 역사와 함께 해온 이 케케묵은 고전을 최첨단 디지털 시대에 재조명하게 된 이유는 무얼까? 그것은 바로 인간의 근본 가치와 의미를 탐구하고 발전시키는 인문학이 지금과 같이 급변하는 디지털 환경 속에서 인간의 존재 가치와 정체성을 든든하게 뒷받침해줄 수 있기 때문이다. 하이테크놀로지 기술의 눈부신 발달로 인해 현대인은 유래 없는 편안함을 누리고 있지만, 인간의 내면은 갈수록 '텅!' 비어가고 있다. 그런 현대인의 내적 성장과 성숙을 위해서라도 인문학을 재조명해 스스로의 인격을 다지는 일이 시급하다. 그만큼 인문학은 아날로그 시대에 풍미했던 인향을 다시금 부활시킬 수 있는 훌륭한 토대가 될 수 있다.

속도와 효율만을 강조하는 디지털 기술의 확산으로 인해, 예전 그렇게 많이 진동했던 인향은 다 어디로 가버렸을까? 그만큼 지금 세상은 너무 기기 중심적으로 돌아가고 있다. 사람들 사이의 관계도 형식적이고 기계적으로 변했다는 느낌은 나만의 편견은 아니라고 본다. 그런 삭막하고 무미건조한 세상을 보노라면 숨이 '턱!' 막힌다.

최첨단 디지털 세계의 한가운데서 다시금 인향이 그윽한 인간 중심의 세상을 꿈꿔본다. 이를 위해 나 스스로도 은은한 인향을 갖춘 사람이 되기 위해 늘 성찰하고 반성하면서 살아가야 할 것이다. 인격이 잘 가꾸어진 사람, 높은 덕망을 쌓은 사람, 타인을 배려하고 제대로 포용할 줄 아는 사람, 어려움에 처한 사람을 적극적으로 도와주는 사람, 봉사와 기부를 통해 세상을 빛나게 하는 사람 등과 같이 자신을 버리고 타인을 항상 배려하는 이들을 인향이 그윽한 이들로 간주할 수 있다.

지금도 업무상 많은 사람들을 만나고 있지만 인향이 그윽한 사람을 만나기가 쉽지 않다. 모두들 하루 종일 스마트폰만 쳐다보느라 바쁜 나머지, 자신을 성찰하고 내면을 돌볼 겨를이 별로 없다. 스스로의 쾌락과 욕구를 자극하는 게임에 몰두하거나 중독적으로 메시지를 날리느라 주변 사람들에게 별로 신경 쓰지 않는다. 나만 즐겁고 흥겨우면 그만이라는 이기주의가 판을

치는 세상이 돼버렸다.

그보다 더한 사람들도 있다. 인향의 반대인 악취를 풍기는 사람이다. 늘 자신의 이익과 이해(利害)만 중시하면서 이기주의로 똘똘 뭉친 사람들은 두 번 다시 만나고 싶은 생각이 없다. 그런 사람을 두고 '비린내 나는 사람'이라고 일컫는다. 인격과 정신이 죽어버린 그들은 주변 사람들에게 어떤 식으로든 해코지를 한다. 강한 인독(人毒)을 품고 있는 유형이다.

'화향백리 주향천리 인향만리'는 디지털 기술로 삭막해진 지금 세상에서 현대인이 특히 더 명심해야 할 화두다. 꽃향기가 사람 향기에 비교될 순 없다. 세상의 모든 향기 중 가장 가치가 있고 의미 깊은 향기는 바로 사람 향기다. 그런 향기를 은은하게 풍기는 사람이 되기 위해 애쓰라. 늘 스스로의 언행을 삼가하면서 타인을 배려하고 사랑하기 위해 힘쓰라.

"오늘 내가 만난 그 사람은 내 향기를 어떻게 기억하고 있을까?"
스스로에게 자주 질문을 던져보라!

004

행복은
다분히
아날로그적
이다

우리가
얻은 것과 잃은 것,
더 크게
잃을 수 있는 것

◆ ◇ ◆ ◇

　　　　디지털 세상은 현대인에게 엄청난 변화와 함께 적응
문제를 남겨놓고 있다. 인간의 편리함을 위해 개발된 기기들이
인공지능의 탑재로 인간을 앞지르기 시작했다. 이른바 '특이
점의 시대'가 도래한 것이다.

지금까지 기기는 인간에게 있어 도구이자 수단이었다. 하지만
IT기술과 인공지능 기술의 눈부신 발전에 힘입어, 기기가 인간
의 수단이 아닌 목적이 돼버렸다는 느낌을 뿌리치기 어렵다. 지
금과 같이 기기 중심으로 돌아가는 현대 사회가 그것의 명백한
증거가 되고 있다. 휴머니티의 위기문제가 대두될 수밖에 없는
대목이다. 이런 디지털 세상의 도래로 인해 우리 인간이 얻은

것은 과연 무엇이고 또 잃은 것은 무엇일까? 그리고 더 크게 잃을 수 있는 것은 무엇일까? 반문해보지 않을 수 없다.

하루가 다르게 변화하는 디지털 환경 속에서 인간은 정보와 지식의 사각지대를 완전히 벗어날 수 있었다. 그만큼 우리는 지금 토머스 프리드먼이 말한 소위 '평평한 세계'에 살고 있다. 때문에 인간은 과거와 비해 훨씬 더 쉽고 다양하게 지적 호기심과 지식욕을 채울 수 있게 되었다. 당장 지구 반대편에서 일어나고 있는 일들이 실시간으로 내게 전달될 정도로 스마트 기기들은 당장에 인간의 알권리를 완벽하게 충족시켜주고 있다. 지금 인간의 삶은 편리하고 편의적인 세상의 정점에 다다랐다고 해도 과언이 아니다. 반면, 인간의 생활 또한 기기가 강조하는 효율성과 생산성에 의해 천편일률적으로 재단되고 있다는 느낌이다. 디지털 기술이 강조하는 빠른 속도는 인간의 오감을 무참하게 희생시키고 있다.

일본 영화 〈세상에서 고양이가 사라진다면〉(감독 나가이 아키라)에서 주인공 '나'(사토 타케루 역)는 홀어머니를 여의고 고양이와 외롭게 살아가고 있다. 어느 날 갑자기, 뇌종양 진단을 받고 시한부 인생을 맞이하게 된 '나'. 하루는 자신과 똑같이 생긴 낯선 남자가 찾아온다. 그리곤 그가 내일 죽을 거라고 말하면서 한 가지 제안을 한다. 세상에 있는 물건을 하나씩 없앨 때마다 그에게 하루의 인생을 더 주겠다는 것이다.

어쩔 수 없이 그 제안을 받아들인 주인공! 맨 처음 사라지는 물건은 전화다. 그것이 사라지면서 동시에 그와 연관됐던 모든 인연과 추억도 함께 사라진다. 우연히 잘못 걸린 전화로 만나게 된 첫사랑의 그녀도 이젠 그와 상관 없는 사람이 돼버린다. 둘째 날엔 영화가, 그 다음 날엔 시계가 사라진다. 그와 연관된 모든 추억들도 순식간에 증발한다. 마침내 늘 그의 곁을 지켜준 유일한 가족이었던 고양이도 사라질 위기에 처해진다. 돌아가신 어머니와의 추억이 많았던 고양이가 없어진다는 사실 앞에서 주인공은 낯선 남자의 제안을 거부하게 된다. 세상에서 무언가가 사라진다는 건 자신이 소중히 여겨온 추억과 인연도 동시에 사라진다는 사실을 뒤늦게 깨닫게 된 것이다. 그런 소중한 추억들을 잃어버리면서까지 자신의 생명을 하루하루 연장해봤자 무의미하다는 결론에 이르게 된다.

이 영화에 등장하는 물건 하나하나는 인간에겐 과거이자 추억을 상징한다. 그런 시각에서 보면 지금 스마트폰을 위시한 최첨단 디지털 기기들이 이 영화에 나오는 낯선 남자에 비유될 수 있다. 이것이 세상에 온 후로 우리 삶의 무대에서 많은 것들이 일시에 사라졌다. 그 대부분은 아날로그 시대의 유산들이다. **전화번호부가 사라졌고 편지가 사라졌다. 필름카메라가 사라졌고 MP3가 사라졌다. 우체통과 공중전화가 어느 순간부터 자취를 감췄고 종이 신문 역시도 지금 급격한 쇠락의 길을 걷고 있다.** 물론 다행인 건 아날로그 시대의 것들이 사라진다고 해서 그와 연관된 추억도 동시에 사라지는 건 아니라는 점이다.

최첨단 디지털 세상이 오면서 우리 인간이 얻은 것들도 무척 많지만 잃은 것 또한 적지 않다. **불편함을 버리고 편리함을 얻은 대신, 아날로그 시절에 우리 삶을 보다 더 여유롭고 충만하게 했던 수많은 것들도 동시에 사라졌다.** 이를 발전이라고 말하는 사람들도 있지만 나는 그것을 또 다른 상실로 해석한다. 가장 큰 문제는 효율성과 생산성을 앞세운 기기들 앞에 휴머니티가 최고의 위기를 맞이하고 있다는 사실이다. 그에 따라 인간의 삶도 갈수록 삭막해지고 피폐해지고 있다.

게다가 스마트 기기를 통한 연결 중독은 이제 현대인의 고질병

이 되었다. 눈 뜨고 있는 대부분의 시간 동안 연결돼 있지 않으면 어색함과 불안감이 동시에 올라온다.

이에 대해 깊은 우려를 표하는 이가 있다. 작가 윌리엄 데이비도우의 책《과잉연결시대》를 보면 다음과 같은 내용으로 책을 끝맺고 있는데, 연결 중독에 빠진 현대인에게 좋은 조언이 될 것 같다.

우리는 세상에 필요하다고 생각되는 도구를 만들면서 이도구들이 사회에 유익하기만 할 거라고 생각했다. 우리 사회와 경제구조가 이토록 엄청나게 정점에 탈바꿈할 줄은 누구도 예상치 못했다. 이제 우리는 진화 피라미드의 정점에 다다라, 영국 소설가이자 문명 비평가인 허버트 조지 웰스(Herbert George Wells)가 말한 '멈출 수 없는 명령(inexorable imperative)' 앞에서 적응하느냐 도태하느냐 하는 기로에 서 있다.

웰스가 한 말은 자연세계를 지칭한 것이지만 21세기를 살아가는 우리는 어쩔 수 없이 우리 자신의 발명품이 만들어낸 환경에 뒤처지지 않도록 적응해야만 한다. 이 새로운 환경은 기회로 넘쳐나지만 그것을 포착하느냐 아니면 거기에 볼모로 붙잡히느냐를 결정하는 건 온전히 우리의 몫이다.

스마트폰이 초래한 과잉연결시대! 연결은 현대인에게 자연스러운 행위이자 중요한 목적이 돼버렸다. 그로 인해 쓰나미 같은 변화가 현대인의 목줄을 점점 더 죄어오고 있다. 또 한 가지, 인간의 적응문제도 빼놓을 수 없는 숙제가 되었다. 스마트폰이 세상에 나온 지 10년이 넘었지만 그 10년이 그 이전의 100년을 능가할 정도로 세상은 엄청난 격동의 변화를 겪었다는 사실은 부인하기 어렵다. 심지어 그동안 인간이 중요시 해온 철학, 사상, 인문학 등과 같이 인간을 중심으로 한 학문과 분야들조차 그 명맥이 언제까지 유지될 런지 예측하기 힘든 상황이 되었다.

이쯤에서 우리는 디지털 시대가 되면서 얻은 것과 잃은 것, 그리고 앞으로 더 크게 잃을 수 있는 것들이 과연 무엇인지 냉정하게 고찰할 필요가 있다.

디지털은 점점 더 인간 생활의 최중심에서 급속히 기반을 다지고 있다. 현대인의 모든 생활이 기기를 한가운데 두고 그것을 중심으로 돌아가고 있는 형국이다. 인간이 인간답게 살아가는 목적, 즉 휴머니티를 앞으로 또 얼마나 희생시켜야 할지 누구도 예단하기 어렵다.

우리 인간이 살아가는 궁극적인 목적이 행복이라고들 한다. 하지만 이 행복조차도 인간이 삶의 중심을 꿰차고 있을 때 만끽할 수 있는 감정 상태다. 다분히 인간에게만 적용되는 가치 논리다. 반면 인공지능 로봇이나 최첨단 디지털 기기들에게 있어 인간의 행복은 관심 대상이 아니다. 그것들이 추구하는 효율성 내지 생산성과는 전혀 어울리지 않는 단어일 뿐이다.

따라서 이제라도 인간이 기기들의 횡포(?)에 무한정 밖으로 밀려나가지 않기 위해선, 지금과 같은 기기 중심의 삶이 아니라 인간 중심주의 삶으로 재진입을 강력히 모색해야만 한다. 그것이 앞으로 인간이 더 크게 잃을 수 있는 것들을 최소화시키는 방법이다.

디지털 우울증과의 결별이 시급하다

◆　◇

　　모든 인간이 원하는 삶의 최종 목표인 행복.

'행복'을 사전에선 이렇게 기술한다. '생활에서 충분한 만족과 기쁨을 느끼어 흐뭇함!'

일상생활 속에서 얻게 되는 만족감 내지 충족감으로 표현할 수 있다. 이 말을 통해 우리는 행복이 우리 외부가 아닌 우리 내면에서 비롯됨을 알 수 있다.

이런 내면의 충족감을 키워나가는 데 도움이 되는 자질이 있다. 바로 '긍정성'이다. 하지만 이조차도 우리가 손 놓고 있으면 저절로 키워지지 않는다. 개개인의 의지와 노력이 요구된다. 기나긴 인생을 살아가다 보면 늘 좋은 일만 생기라는 법이 없다. 오히려 나쁜 일들이 훨씬 더 많이 생긴다. 그에 따라 행복감보다는 불행감을 느낄 때가 허다하다. 그런 외부의 부정적 상황에도 불구하고 내면의 긍정성을 키을 때 행복을 사수할 수 있다. 즉 외부의 부정적 상황에 대항해, 늘 생각과 감정을 긍정적으로 유지시키는 힘이 뒷받침될 때 진정으로 행복해질 수 있다. 이를 간단히 '행복역량'이라 부른다.

내면의 긍정성이 높은 이들, 즉 긍정적으로 사는 이들은 역경이나 고난에 대한 면역력이 월등히 강하다. 그들은 내면의 긍정적 상태를 균형적 상태로 인식하고 있기에 외부에서 부정적인 일이 생기면 스스로의 행복역량을 적극 가동시킨다. 그로써 불행감을 행복감으로 전환시키는 회복탄력성이 커진다. 긍정성이 우리 인간의 행복에 얼마나 크게 기여하는지 잘 알 수 있는 일화가 있다.

어느 성공한 사업가의 이야기다.

그가 중학생이었을 때 아버지가 사업에 크게 실패해 잔뜩 빚만 지게 되었다. 고통과 절망을 견디지 못한 아버지는 마침내 아들과 함께 세상을 등지고자 결심했다. 아들의 손을 잡고 높은 다리 위로 올라가 강으로 뛰어내리려는 찰나, 아들은 아버지의 행동을 강하게 제지하면서 간절하게 애원했다.

"아버지 이번 한 번만 꼭 살려주이소! 그러면 제가 반드시 성공해, 아버지가 진 빚을 다 갚고 우리 모두 행복하게 잘 살 수 있도록 꼭 약속하겠심더!"

그런 아들의 애원을 아버지는 도저히 뿌리칠 수 없었다. 이 후 아들은 아버지와의 약속을 지키기 위해 각고의 노력을 다했고, 마침내 큰 성공을 거두었다. 물론 아버지가 진 빚도 모두 다 갚았고, 부자(父子) 모두 행복하게 잘 살았다.

이같이 역경이 닥쳤을 때 그것에 무릎을 꿇을 것인지 극복할 것인지의 행동은 내면이 부정적이었던 아버지와 내면이 긍정적이었던 아들의 태도처럼 크게 엇갈리게 된다.

지금 많은 현대인들이 스마트폰에 깊이 중독돼 그것이 전파하는 불행감에서 벗어나지 못하고 있다. 일명 '디지털 불행'이다. 하루 온종일 전자화면을 응시하느라 미처 자신의 내면을 제대로 보살필 기회를 놓쳐 버린다. 한참 동안 전자화면을 주시하다가 눈을 떼면 갑자기 내면이 공허해지고 우울해지는 허탈감이 불쑥 찾아온다. 어쩔 수 없이 또 감각적이고 쾌락적인 콘텐츠만을 쫓느라 소중한 시간을 쓸데없이 낭비하게 된다. 전자화면과 가까워질수록 우울해지는 '디지털 우울증'을 겪게 된다.

이렇게 스마트폰이 주는 우울증에 대항하기 위해 나름의 대처 방법을 모색한 이가 있다. 오디션 프로그램의 독설 위원으로 잘 알려진 영국의 음악 프로듀서 사이먼 코웰! 그는 스스로의 정신건강을 위해 무려 10개월 동안이나 스마트폰을 끊었다고 한다. 하루는 자신이 스마트폰에 집착하는 것에 크게 짜증이 났고, 그 길로 10개월 동안 일체 스마트폰을 쓰지 않았다.

열 달 후! 과거에 비해 집중력이 몰라보게 좋아졌고, 주변 사람들에 대해서도 관심과 애정이 더 커졌을 뿐만 아니라 행복감도 훨씬 높아졌다고 한다.

디지털 우울증을 겪는 현대인의 행복은 전자화면에 대한 집착에서 벗어나 내면의 긍정성을 키우는 데서 출발한다. 그럼에도 불구하고 많은 현대인들이 시도 때도 없이 전자화면만을 응시하다 보니 자신의 내면보다 외부에 더 큰 관심을 기울이며 살아가고 있다. 그들 삶의 건강성이 크게 침해받고 있다.

행복은 무의미한 인간의 삶을 유의미하게 만드는 데 큰 역할을 한다. 그런 시각에서 보면 자신의 행복을 위해 노력하는 것은 모든 인간에게 주어진 사명(使命)으로 볼 수 있다. 흔히 말하는

'여한(餘恨) 없다'는 말도 마찬가지다. 인생 말년에 이르러 지나온 삶 전반에 대해 후회와 아쉬움을 남기지 않기 위해선, 평소 스스로의 내면을 돌보고 긍정성을 높여나가야만 한다. 미국의 사상가 윌리엄 제임스는 다음과 같이 말했다.

"행복해서 웃는 것이 아니라 웃어서 행복한 것이다."

마찬가지로, 삶이 행복해서 우리가 행복한 것이 아니라 우리가 행복해지기로 결심하고 노력했기 때문에 삶이 행복해지는 것이다. 그를 위해 당신 손 안의 '전자화면' 대신 당신 내면의 '바탕화면'에 더 큰 관심을 쏟고 그것을 자주 보살펴라!

행복은 내면에 피는 꽃이다

◆ ◇

      스마트폰이 확산되면서 사람들은 자신의 내면보다는 외부에 대해 훨씬 더 큰 관심을 갖기 시작했다. 전자화면이 주는 시각적 화려함과 자극적이고 재미있는 콘텐츠, 즉각적인 메시징, 때와 장소에 상관없는 정보와 지식의 확보 등은 더없는 편리함과 즐거움을 우리에게 선사한다. 하지만 스마트폰이 주는 그 혜택만큼 인간이 더 행복해졌다고 말할 수 있을까?

그렇지 않다! 왜냐하면 스마트폰 중독이 심해지면서 예전 아날로그 시절과 비교해, 현대인의 내면의 소음이 갈수록 더 커지고 있기 때문이다. 행복이 개개인이 갖는 내적 편안함이라는 사실을 고려하면, 현대인은 오히려 더 불행해진 건 아닐까?

195

우리 내면은 지속적인 관심과 돌봄을 필요로 한다. 아니면 부지불식간에 해롭고 나쁜 외부 요소들이 그 속으로 거침없이 침투한다. 이때 방어막 구실을 하는 게 바로 행복역량이다. 외부의 부정적 상황에도 불구하고 스스로 행복해지는 힘인 행복역량이 충만할 때 행복한 삶이 가능하다.

우리 내면을 어떻게 구성하느냐에 따라 인생과 운명이 바뀐다. 나를 둘러싼 외부 상황은 내면과 비교하면 그야말로 부차적인 요소에 불과하다. 정작 중요한 것은 내면을 어떤 상태로 채우느냐에 달렸다.

행복은 내면에 피는 꽃이다. 그리고 그것의 자양분에 해당되는 게 바로 행복역량이다. 나무에 영양분이 충분히 공급될 때 화려하게 꽃 필 수 있듯이, 행복역량이 내면에 충분할 때 행복한 삶이 보장된다.

랄프 왈도 에머슨은 이런 말을 했다.

"강한 신념은 위대하고 고귀한 인물임을 증명해주는 가장 확실한 지표이다. 그렇기 때문에 위대한 성공을 거둔 사람들은 환경이 변한다고 해서 목표나 초심이 흔들리지 않는다. 이들은 끝까지 도전하여 장애를 극복하고 목표를 달성한다."

(스야오옌,《눈물이 나더라도 인생 앞에 무릎 꿇지 말라》)

위인(偉人)과 범인(凡人)의 차이는 생김새에서 비롯되는 게 아니다. 평소에 내면을 어떻게 구성하느냐에 따라 차이가 생겨나는 것이다. 위인은 외부상황에 연연하기보다는 자신의 내면을 긍정적으로 유지하고자 하는 신념이 강하다. 이들은 고난이나 역경을 특유의 긍정의 힘을 발휘해 극복해나간다. 반면 범인은 외부환경에 민감하게 반응할 만큼, 내면을 긍정적으로 유지하고자 하는 신념이 약하다. 고난이 닥치면 쉽게 휘둘릴 만큼 자신의 내면을 '부정'이라는 손님에게 쉽게 내준다.

"당신의 눈을 안으로 향하게 하라. 그렇게 하면 당신의 마음속에 아직 발견되지 못한 천 개의 지역을 발견할 수 있을 것이다. 그곳을 여행하라. 그리고 자신이라는 우주의 대가가 되어라."

헨리 데이비드 소로우의 이 말도 내면의 중요성을 일깨우는 데 도움이 되는 문장이다. 그만큼 우리 인간의 내면은 외부보다도 훨씬 더 중요하며 그 잠재력 또한 무한하다. 내면이 개선되면, 인생이 개선되고 운명이 개선된다. 인생과 운명을 바꾼답시고 내면이 아닌 외부에만 골몰하는 것은 바람직한 순서가 아니다.

"날씨가 갑자기 안 좋아져서 사람들이 고민에 빠져있을 때 '살아간다는 것'에 대해 생각하는 것은 '시간 낭비'다. 시원한 바람이 불고 따사로운 태양이 내리쬐는 날에도 나는 '낭비'하고 싶지 않다. 그저 좋은 날씨를 감상하며 행복한 시간을 즐기고 싶다.

힘든 날은 빨리 지나가게 내버려두고, 좋은 날은 붙잡아두고 천천히 음미해야 한다. 우리의 인생은 자연이 내린 선물이며 그 무엇보다 값지다. 만약 인생에 대한 중압감으로 인해 공허한 하루를 낭비하고 있다면 모두 자기 스스로가 초래한 결과다."

(스웨이,《인생은 지름길이 없다》중에서)

몽테뉴가 남긴 이 말도 행복을 원하는 이들이 참고로 삼으면 좋은 문장이기에 인용해본다. 당장 우리 눈앞에서 어떤 일이 벌어져도 그것을 유리하면 유리한 대로, 불리하면 불리한 대로 한껏 수용하라! 정작 중요한 것은 스스로의 내면의 긍정성을 키우려는 노력이지, 눈앞의 상황을 두고 이러쿵저러쿵 말잔치를 벌이는 게 아니다. 그것은 시간낭비요 인생낭비다. 그 어떤 상황도 우리가 죽음에 이르기 전까진 최종 결과물이 아니다. 인생지사 새옹지마 전화위복(人生之事 塞翁之馬 轉禍爲福塞翁之馬)이 아니던가? 처음엔 나에게 유리하게 보이던 일도 시간이 지나면 불리하게 작용될 수도 있고, 처음엔 불리하게 보이던 일도 시간이 지나 유리하게 작용될 수도 있는 것이다. 하지만 스마트폰에 과도하게 집착하면서 중독적인 시간을 보내는 현대인은 행복과도 점점 더 멀어지게 된다.

그 어떤 상황에서도 행복을 외면하지 말라. 그것은 인간의 권리이자 의무다. 자기 자신의 행복을 위해 최선의 노력을 다 하는 자들만이 자신에게 부여된 사명을 완수할 수 있다. 그로써 행복은 인간 내면에 피는 화려한 꽃이 된다.

◆ ◇ ◆

　　　스마트폰이 가져다준 편리함은 지금껏 인간이 개발한 그 어떤 기기들이 가져다준 것과 비교해봐도 절대적이다. 늘 외부 세상과 연결되어 있기에 우리는 언제 어디서든 원하는 정보와 지식을 '재깍' 확인하고 확보할 수 있다. 스마트폰의 출현 이후 세상은 그것을 중심으로 기하급수적인 속도로 재편되고 있다. 스마트폰이 이렇게 폭발적인 인기를 끌 수 있었던 근본 배경은 무엇일까?

무엇보다도 인간이 갈구하는 욕망과 쾌락을 쉽게 충족시켜줄 수 있다는 점이 가장 클 것이다. 스마트폰을 필두로 한 디지털 혁명이 우리 인간에게 제공한 혜택은 무지 많다. 반면 그것이 초래한 사회적 문제 또한 적지 않다. 가장 큰 문제는 중독이다. 틈만 나면 스마트폰에 집착하느라 다른 일에 대해선 무관심하고 등한시하는 '스마트폰 폐인'이 급증했다. 이런 지나침이 지금 현대인을 위태롭게 하고 있다.

지난 역사를 돌이켜봐도, 중용(균형적 태도)에서 벗어나 한 쪽으로만 치우쳐 살다가 크나큰 대가를 치른 경우가 많았다. 그것이 불행의 단초가 되었다. 똑똑한 지능형 기술을 뜻하는 스마트 기술이 하루가 다르게 눈부신 발전을 거듭하면서 이젠 인간을 능가하고 있다. 인간의 입지도 급속도로 좁아져버렸고 그들의 태도 또한 갈수록 소극적이고 수동적으로 변해가고 있다. 이것이 무기력한 인간을 대거 양상하는 결정적 이유로 작용하고 있다. 기기들은 점점 더 똑똑해지고(스마트해지고) 있지만 인간은 그와 반대방향으로 가고 있는 것이다. 이런 조건 속에서 우리 인간은 앞으로 어떻게 해야 자신의 행복을 지키며 살아갈 수 있을까? 걱정이 앞선다.

'스마트 혁명 시대! 인간의 삶이 편리해진만큼 더 풍요로워졌다고 말할 수 있는가?'
동의하기 어렵다! 기기들에 대한 의존성이 커진 만큼 인간은 도무지 스스로 무언가를 하고자 하는 욕구와 의지가 없다. 굳이 직접 나서서 무언가를 하거나 적극적으로 사고하기를 싫어한다. 현대인들은 점점 더 개인화, 파편화되어 가고 있다.

인간의 편리를 위해 만들어진 스마트 기기들이 인간의 일상생활은 물론 인생에 적지 않은 악영향을 끼치고 있다. 결국 인간이 무한정 편해지고자 하는 욕심이 그들 자신의 열정과 의욕을 무력화시키고 무기력한 모습으로 전락시키고 있다. 만약 인간의 탐욕이 이대로 지속된다면 머지않아 인간은 자멸할 수도 있지 않을까 막연한 걱정이 앞선다. 인공지능이 득세하는 요즘 세상을 매우 우려스럽게 보고 있는 이가 또 있다.
올리버 샤벤버거 SAS 수석 부회장은 이탈리아 밀라노에서 열린 '애널리스틱 익스피리언스 2018' 기조연설에서 다음과 같이 밝혔다.

"인간 일자리 100%는 인공지능(AI) 영향을 받을 것입니다. 이미 인공지능이 단순 노동을 대체하기 시작했습니다. 우리의 목표는 사라지는 일자리가 아니라 인간을 구하는 것입니다."

기기가 인간을 능가하는 이른바 '특이점의 시대'가 도래하면서 지금 인간이 처한 위기상황을 냉정하게 비판하고 있다. 인공지능이 인간의 지능을 추월했다는 사실은 익히 잘 알려져 있다. 그 결과, 인간은 기기들에 지나치게 의존하면서 그것의 영향력에서 벗어나지 못하고 있다. 이런 상황 속에서 앞으로 인간은 어떻게 살아야 진정한 행복을 누릴 수 있을까? 이를 위해 몇 가지 조건이 필요하다.

먼저, 기기 중심의 생활에서 빠져나오는 게 시급하다. 일상생활의 편리함을 위해 스마트 기기를 적극 활용하는 것까진 괜찮다. 하지만 그것이 목적이 돼서는 안 된다. 이것이 중독을 불러일으킨다.

둘째, 행복은 다분히 아날로그적이라는 사실을 염두에 두어야 한다. 효율성과 생산성만 따지는 디지털 기기들이 대신할 수 없는 부분이다. 그런 시각에서 보면 우리가 무엇보다도 가깝게 지내야 할 대상은 바로 '자연'이다. 아날로그의 최중심에 있는 자연과 늘 가깝게 지내면서 그 속에서 행복을 발견하고 누려야 할 것이다.

하루 종일 전자화면을 들여다보느라 머물러 있는 집에서 일단 나가라. 요즘은 대부분 아파트 생활을 하고 있기에 예전만큼 집 주위에 숲이 흔하지 않지만 어디든 비록 인공적이긴 하나 그런 대로 조경이 잘 돼 있고 단지를 조금 더 벗어나면 동네 공원도 잘 조성돼 있다. 그렇게 의도적으로 자연환경 속에 잠시잠깐 머물면서 선선한 공기와 꽃과 나무가 주는 향기 그리고 새들이 지저귀는 소리를 충분히 만끽할 때 우리 몸과 마음도 동시에 활력이 생긴다.

셋째, 아직까지 디지털 기기들이 침범하지 못하고 있는 인간 고유의 영역이 있다. 바로 창의성과 감성이다. 이 두 부분을 앞으로의 학문과 산업, 예술 등으로 세분화해 인간이 스스로의 존재가치와 정체성을 보호할 수 있는 근거로 삼아야 한다.

스마트 혁명의 숲에서 인간을 생각한다.
지금과 같이 인간의 존재 위기를 걱정하고 우려하는 목소리가 커지고 있는 이유 중의 하나는 인간 스스로도 휴머니티를 망각하고 너무 기기 중심적인 삶을 받아들이고 있기 때문이다. 인간만이 강점을 갖고 있는 분야를 적극 계발하고 키워나가기보다는 무작정 인간이 기기를 따라가고 닮아가고자 하기 때문이

다. 하지만 인간과 기기가 가야 할 길은 엄연히 다르다. 인간이 기기를 닮을 수도 없지만 닮아가려고 해서도 안 된다. 기기는 기기 나름의 강점이 있는 분야가 따로 있고 인간은 인간 나름의 강점이 있는 분야가 따로 분리돼 있다. 그것을 혼동하지 말아야 한다.

게다가 **현대인은 아날로그와 너무 성급하게 결별했다.** 비록 아날로그가 비효율적이고 비생산적이기는 하나 아날로그 나름의 장점을 무시해서는 안 된다. 갑자기 디지털 세상이 들이닥치면서 우리는 미처 숙고과정도 거치지 않고 디지털 논리를 따르느라 단숨에 아날로그 시절 심취해 왔던 많은 것들과 매몰차게 결별했다. 단지 비생산적이고 비효율적이라는 이유만으로 그것들을 배격했던 것이다.

분명한 사실은 인간이 최고로 중요시하는 행복은 기기들이 중요시하는 생산성과 효율성과는 전혀 무관하다는 것이다.

현대인이 진정으로 행복해지기 위해서는 다시금 예전 아날로그 시대로 눈을 크게 돌릴 필요가 있다. 자기 자신의 휴머니티를 보존하고 자발적인 힘을 키워 인간이 스스로의 힘으로 무언가를 하고자 하는 열정과 의지를 복원시켜야만 한다. 스마트 혁명의 숲 한가운데서 인간을 다시 생각한다.

소확행에서
스확행으로

◆ ◇

'소소하지만 확실한 행복'을 줄인 '소확행'이란 말이 한창 유행했다.

높은 경제성장률을 자랑하며 성장일변도로 국가 경제가 돌아가던 시절엔 성공과 성취가 곧 행복한 삶이라는 시각이 강했다. 하지만 IMF 이후 경제가 장기불황에 빠지면서 성공과 성취를 통한 행복에 집착했던 사람들이 자신들의 기대에 비해 현실적으로 이루어 놓은 게 적다 보니 지쳐버렸다. 그래서 또 다른 행복 방정식을 찾아 나서기 시작했다. 성공과 성취가 채움으로써 얻는 행복이라면 소확행은 삶의 단순화와 비움을 통해서 얻는 일상적인 행복이다.

개개인이 행복해지기 위한 방법은 무척 다양하다. 그만큼 행복은 다분히 개인적 충족감 내지 만족감으로 볼 수 있다. 특히나 스마트폰이 촉발한 디지털 기술 혁명으로 인해 현대인의 생활방식도 일거에 디지털화되었다. 디지털은 더 이상 거부할 수 없는 시대의 명령이 되고 말았다. 급격한 디지털화로 인해 현대인의 삶도 무척이나 개인적이고 독립적으로 변했다. 1인 가구의 급증은 이런 시대적 상황을 반영한다.

'휘게(Hygge)'라는 말도 한동안 유행했다. '편안하고 아늑한 상태를 추구하는 라이프스타일'을 뜻하는 이 덴마크어는 '웰빙' '안락함' '편안함'과도 일맥상통한다. 쉽게 말해 단순하고 소박한 일상 속에서 찾는 개인적인 편안함과 만족감을 포괄한다. 북유럽 국가 국민들이 표방해온 행복 방정식을 이젠 한국 국민들이 바통을 이어받게 되었다.

스마트폰이 세상에 나온 지, 불과 10년 사이 세상은 급변했다. 가히 디지털 혁명이라고 부를 수 있을 만큼 인간의 삶에도 급격한 변화가 찾아왔다. 그리고 그 후유증이 여기저기서 불거지고 있다. 가장 큰 문제는 중독이다. 우리 인간에게 무한한 편리와 편의를 제공한다는 이유만으로 그것을 무비판적이고 무차별적으로 수용한 결과다.

그런 냉엄한 현실과 절망적인 상황을 극복하기 위해 최근 현대인들이 선택하게 된 새로운 행복 방정식이 바로 소확행이다. 하지만 나는 지금 우리가 처한 현실, 즉 스마트폰을 필두로 디지털 기기 중독 문제가 날로 심각해지는 상황을 고려하면, 현대인의 행복은 소확행보다는 스확행, 즉 '스마트폰 사용을 줄이고 소소하고 확실한 행복'을 강조해야 할 때라고 주장하는 바다.

이렇게 현대인의 심각한 스마트폰 중독증세를 꼬집는 발표가 얼마 전 영국에서 있었다.

영국의 케임브리지 사전은 2018년을 대표하는 단어로 '노모포비아(Nomophobia)'를 꼽았다. 'No mobile phone phobia'를 줄인 말로, '스마트폰이 작동하지 않거나 손에 쥐고 있지 않으면 불안해하는 증상'을 뜻한다. 현대인의 심각한 스마트폰 중독증세를 표현한 말이다. 하지만 더 우려스러운 사실은 지금 디지털 기기들이 주축이 돼 진행되고 있는 본격적인 4차 산업혁명 시대에 접어들면서 이런 증세가 머지않아 훨씬 더 심각해질 거라는 점이다.

이런 상황에 비추어볼 때 우리가 단순히 소확행만 추구한다고 해서 행복해지긴 어렵다. 거기에 덧붙여 또 하나의 전제조건을 깔아야만 한다. 스마트폰 사용을 줄여야 한다는 사실이다.

디지털 혁명시대 행복형 인간이 되는 몇 가지 전제 조건을 제시하면, 다음과 같다.

무엇보다도 지금과 같이 스마트폰을 무목적적이고 무분별하게 사용하는 행동은 지양되어야만 한다. 이것이 우리를 하루종일 비자발주의에 빠뜨리는 것은 물론, 수동적이고 소극적인 태도로 일관하게 하는 핵심 원인이 되고 있다.

둘째, 채우기보다는 비우는 데 초점을 맞출 수 있어야 한다. 다시 말해 자신의 욕심과 욕망에 의해 삶을 복잡하게 만들기보다는 단순화시키는 게 삶을 보다 더 가볍게 만들고 스마트폰 중독을 떨쳐버릴 수 있는 또 하나의 좋은 방법이다.

셋째, 세상이 디지털화한다고 해서 무조건 좇아가기보다는 예전 아날로그 삶의 방식을 다시 찬찬히 둘러볼 필요가 있다. 행복은 다분히 휴머니티를 중요시하는 아날로그와 가깝다. 성급하게 아날로그를 멀리하기보다 디지털시대 속에서도 아날로그를 잊지 않는 양자의 통합 내지 병행이 훨씬 더 중요하다.

넷째, 하루 온종일 실내에만 머물러 있지 말고 자주 야외로 나가 자연을 벗 삼는 등 신체활동을 활성화시키는 것도 행복형 인간이 되는 좋은 방법이다.

스확행은 현대인의 맹목적인 디지털 추종으로 인한 불행을 방지하는 데 초점을 맞추고 있다. 무엇보다도 스마트폰 사용을 의도적으로 줄여나가야 한다는 전제 조건이 중요하다. 그런 조건이 제대로 충족될 때, 매일 마시는 한 잔의 커피 속에서도, 날마다 향하는 회사 출근길 속에서도, 무심코 만난 사람들과의 따뜻한 대화 속에서도 무한한 행복을 발견할 수 있는 것이다.

본격적인 디지털 혁명 시대를 맞아 디지털 중독을 우려하는 목소리가 갈수록 커지고 있다. 그만큼 현대인의 모든 환경이 급작스레 디지털화되었다. 그 중심에 인간은 잘 보이지 않는다. 최첨단 기기들만 눈에 들어온다. 현대를 행복부재의 시대로 표현하는 이들도 많다. 이 말은 그만큼 개개인이 노력하지 않으면 스스로의 행복을 챙기기가 힘들어졌음을 의미한다.

스확행!
스마트폰 사용을 줄이고 소소하고 확실한 행복을 챙겨라. 이 말을 디지털 혁명시대이자 행복부재의 시대를 맞이하고 있는 현대인에게 꼭 전하고 싶다. 거듭 말하지만 스마트폰은 우리 인간에게 더 없는 편리와 편의를 가져다주었는지는 모르지만, 다른 한편으로 행복과는 멀찍이 떨어지도록 만들어버렸다.

최근 몇 년 사이 1인 가구가 급속도로 늘어나고 있다고 우려하는 목소리가 커지고 있다. 물론 때늦게 다인가구가 이상적인 가구 형태라고 주장하고 싶진 않다.
문제는 1인 가구가 많아지면 그만큼 나 홀로 생활하는 사람들이 급증할 수밖에 없고, 이는 스스로의 외로움과 적적함을 달래기 위해서 더더욱 스마트폰에 의지할 수밖에 없게 된다는 데 있다. 스마트폰 중독자들이 대거 양산될 소지가 높아졌다는 말이다. 그런 현실을 감안한다면 더더욱 소확행에서 스확행으로의 이행이 시급한 시대적 과제로 대두되고 있다.

나
오
며

...

　　스마트폰이 출시된 이후 지난 10년은 현대인에게 기
하급수적 변화라는 표현이 모자랄 정도로 혁명적 변화를 안겨
주었다. 이제 디지털 혁명 시대인 것이다.
　거대한 변화가 일어나고 있는 디지털 숲 한가운데에서 인간은
숲은커녕, 바로 눈앞의 나무조차도 제대로 인식하기 어려워졌
다. 그만큼 스마트폰을 중심으로 한 디지털 혁명은 인간이 갖
고 있던 모든 것들을 일시에 무력화시켰다. 이 말은 인간이 더
이상 이 세상의 표준도 기준도 아닐 뿐더러, 변화의 주도권을
놓쳐버렸음을 뜻한다.

거대한 변화의 소용돌이 속에서 인간이 자칫 방심하면 저 앞의
시꺼먼 변화라는 물결의 소용돌이 속으로 그대로 쭉 빨려들어

갈 지도 모를 일이다.

그렇다면 이런 대변혁의 시대를 맞이해, 우리 인간에게 가장 의미 있고 가치 있는 목표인 행복을 누리려면 어떻게 해야 할까? 바로 지금 시점에 우리에게 던져진 가장 시급한 질문이 아닐 수 없다.

그런 여러 다양한 생각들을 지금까지 풀어놓았다. 인간의 편의와 편리를 위해 개발된 디지털 기기가 오히려 인간을 중심축에서 밀어내고 탈 인간화를 부추기고 있다. 자칫 하면 인간은 디지털이 주도하는 혁명의 틈바구니에 끼여 질식사할지도 모른다. 온종일 스마트폰을 끼고 생활하는 데 익숙해지다 보니 요즘 사람들은 옆에 있는 타인에게 전혀 신경 쓰지 않는다. 나만 즐겁고 재미있으면 된다는 개인적이고 이기적인 태도를 보이고 있다. 그런 탓일까? 오히려 바로 옆에 사람이 있는 걸 귀찮아하고 달갑게 여기지 않는 인식이 강해졌다.

새로운 생각은 새로운 방식의 삶을 낳는다. 마찬가지로 디지털 기기들로 촉발된 디지털 혁명은 탈 휴머니즘 정서를 사람들에게 주입시키고 있다. 그런 새로운 방식의 삶의 대표적 예가 나

홀로 사는 1인 가구의 급증이다. 1인 가구의 급증으로 인해 사람들은 외로움과 적적함을 해소하기 위해 더욱 스마트폰으로 손을 내민다. 이것이 심각한 디지털 중독을 가속화시키는 결정적 원인이 되고 있다.

'Digital is everything!' 풀이하면 '디지털이 최고!'라는 디지털 만능주의가 지금 현대인의 정서에 큰 영향을 미치고 있다. 디지털 기기를 통하면 안 되는 게 없고 심지어 우리가 그토록 원하는 행복도 다 해결해줄 거라는 환상이 현대 사회에 팽배해 있다. 매우 위험한 생각이다. 왜냐하면 지금 우리 주변에서 발생되고 있는 많은 문제들이 이렇게 인간은 안중에 없고 디지털만 고려하는 과정에서 일어나고 있기 때문이다.
지금 당신은 스마트폰을 끄고 반나절을 견딜 수 있는가? 지금 우리에게 필요한 것은 '디지털 디톡스'의 시간이다.

현대인은 디지털 세상 전의 아날로그 세상과 너무 성급하게 결별했다는 때늦은 후회를 종종 한다. 아날로그 시대와 디지털 시대 중 "과연 어느 쪽의 사람들이 훨씬 더 행복할까?"를 되묻지 않을 수 없다. 당신의 생각은 어떤가?

모르긴 몰라도 아날로그 시대를 지목하는 사람들도 적지 않으리라 본다. 사람들의 평균적인 행복감을 비교하면, 오히려 아날로그 시대 사람들이 디지털 시대 사람들보다 훨씬 더 행복했다고 표현하는 건 나만의 편견일까?

행복과 휴머니즘이라는 인간 고유의 관점에서 보면, 지난 10년 동안 스마트폰이 불러일으킨 현실은 현대인에게 편의와 편리를 제공하는 그 수준 이상도 그 이하도 아니었다는 초라한 결론을 뿌리치기 어렵다. 그러나 너무 낙담할 필요가 없다. 지난 10년간의 결과를 반면교사 삼아, 앞으로 다가올 미래는 우리 인간이 보다 더 현명하게 대처할 수 있는 방법들을 지금부터라도 제대로 강구하면 되기 때문이다.

그런 행동의 일환으로 지금까지 우리가 맹목적으로 추종했던 디지털화를 무조건 숭상할 것이 아니라 인간의 인간다움인 휴머니즘을 늘 의식하면서 디지털혁명이 불러온 다양한 문제들에 대해 적극 대처하면 된다고 본다.